墨香会计学术文库

U0674550

当代中国会计职业道德体系研究

Research on Contemporary Chinese Accounting Professional Ethics

李翔 著

东北财经大学出版社
Dongbei University of Finance & Economics Press
大 连

图书在版编目（CIP）数据

当代中国会计职业道德体系研究 / 李翔著．—大连：东北财经大学出版社，2020.12

（墨香会计学术文库）

ISBN 978-7-5654-4071-7

Ⅰ．当… Ⅱ．李… Ⅲ．会计人员-职业道德-体系-研究-中国 Ⅳ．F233

中国版本图书馆 CIP 数据核字（2021）第 004194 号

东北财经大学出版社出版

（大连市黑石礁尖山街217号　邮政编码　116025）

网　　　址：http://www.dufep.cn

读者信箱：dufep@dufe.edu.cn

大连永盛印业有限公司印刷　　　东北财经大学出版社发行

幅面尺寸：170mm×240mm　　字数：183千字　　印张：9.5　　插页：1

2020年12月第1版　　　　　　　2020年12月第1次印刷

责任编辑：李　彬　　　　　　　　责任校对：赵　楠

封面设计：张智波　　　　　　　　版式设计：钟福建

定价：48.00元

前　言

工业革命以来，基于分工的社会化生产模式逐步兴起，日渐替代了传统低效的单一（自给自足）生产模式。这直接推动了公司成为现代社会主流的生产主体，在新的替代性生产技术出现之前，公司这一生产制度安排将在人类社会长期存在。

20世纪上半叶以来兴起的全球化浪潮，大大提升了资本对于公司增长的核心作用，融资能力成为公司成功的重要禀赋。公司为了提升在资本市场竞争中获得资本的能力，客观上将对财务会计的需求提升到了前所未有之高度，这推动了财务会计在会计学科发展中逐步占据了优势地位。贯穿20世纪直到本世纪初，会计准则、审计准则、公司治理和监管等制度建设，无不以提升会计信息质量为核心目标，人类社会为巩固基于分工的生产模式，在会计的制度建设方面做了卓绝的努力。可以毫不夸张地说，没有会计，当下的人类社会绝无可能有序运行。

会计在经济社会有效发挥作用，信息质量是根本前提。既有研究和实践较为关注从外部管制角度和技术标准角度，探讨如何提升会计信息质量；近年来围绕这一主题，学术界开始主重从行为角度，将会计和"人"紧密结合，讨论会计行为的动机和后果。遗憾的是，既有理论和实践，似乎没有给予人的社会性以足够重视，如何在社会道德和职业道德层面研究会计信息质量的保障机制，相关研究成果十分匮乏。

本书试图在构建能够保障会计信息质量的职业道德规范方面，做些尝试性的研究。当前会计职业道德规范多由会计专业机构颁布，主要用于约束其所属会员的职业行为，中国注册会计师协会也参照国际通行范例颁布了具有自身特点的职业道德规范。但是，会计专业机构颁布的职业道德规范，并不能涵盖会计职业和会计行业，因此并不能回答会计职业道德规范应如何构建体系的问题。而建立一套涵盖财务会计、管理会计、独立审计、政府审计以及内部审计的会计职业道德规范，并将之有效实施，是会计职业获得社会认可和尊重的重要基础。正基于此，如何结合中国国情，在厘清会计职业道德、会计法律、会计技术规范对会计信息作用边界的基础上，建立一套可操作的对会计实践具有直接指导意义的会计职业道德规范，是在倡行社会主义核心价值观的当代中国，在会计领域可以努力思考并实践的工作。

笔者认为，道德和法律并非互斥的机制。在一般意义上理解，法律机制和道德机制是平行不相交的两类机制，不违法的行为违背道德，也须交易主体支付相应成本。但是，在会计信息质量日渐重要的今天，在会计行为经济后果日益凸显

1

的时代背景下，机械教条地探讨道德治理与法律治理的边界，似乎不能解决任何问题。更进一步，相关法律所禁止的行为，当然也是职业道德所不允；职业道德所不容之行为，如无法规制约，则难短期内被有效抑制。正基于此，研究职业道德规范，不能脱离法律体系；落地职业道德规范，更不应割裂法律。本书在这一认知的基础上，构建适应中国国情的会计职业道德规范体系。

本书内容包括会计职业道德规范的要素研究、体例研究、规则研究，在会计职业道德的要素构成方面，本书力图构建会计人员个人特征、专业能力和职业素养三类要素，分别讨论了其在会计职业道德规范体系中发挥的作用、国际经验借鉴以及中国情境化需求，由此相应职业道德规范的原则性要求，并在之后将其规则化。笔者认为，虽然这一研究思路有一定局限性，但从要素到体例、再延伸到职业道德规范的原则和规则的逻辑思路，对提出有实践指导价值的职业道德规范体系，却是具有效率的，不失为一种尝试。

在本书成稿过程中，财政部干部教育中心欧阳宗书主任，北京国家会计学院崔华清副院长，财政部会计司二级调研员王晶博士，中国会计学会周守华教授、刘国强主任，中国注册会计师协会党委委员、纪委田志心书记，东北财经大学孙光国教授，中央财经大学袁淳教授、卢闯教授，扬州大学李志斌教授、缪艳娟教授，南京大学薛清梅副教授、熊焰韧副教授等学者专家给予了宝贵的建设性建议，在此一并致谢。同时要感谢我指导的已经毕业的硕士研究生周梦雅、张一璇、秦静、刘静、黄建藩，他们为本书搜集了繁杂的资料并对资料进行了整理分析；胡曼婷和曾硕为本书修改和校对也付出了辛勤汗水，没有他们，本书不可能顺利成稿，感谢他们认真和细致的工作。

李　翔

2020 年 11 月 19 日

目 录

<u>1</u> 绪论

1.1 研究背景与研究问题

1.1.1 研究背景

经济越发展，会计越重要。社会主义市场经济建设，需要高质量的会计信息作为依托。会计职业道德，在保障会计信息质量上发挥着不可替代的关键作用。因此，对于经济发展总量已居世界第二的当今中国来说，建设并完善与社会主义市场经济相适应的会计职业道德，并使之在经济生活中切实有效发挥作用，较以往更显重要。

近年来，我国经济面临着结构调整、转型升级的挑战。挑战成功，则中国经济能够顺利跨过中等收入陷阱，为实现"中国梦"奠定扎实基础；挑战失败，则中国经济可能陷入发展停滞的泥沼。会计信息在引导经济结构挑战和转型升级进程中，发挥着不可替代的"指挥棒"作用。基于这一点，会计职业道德的建设，不仅关乎会计本身，还关乎其能否有效引导资源在经济结构调整、转型升级过程中的合理配置，更关乎其能否有助于中国经济成功安装新的"引擎"，其意义重大，时不我待。

从世界范围来看，一套完备的会计职业道德体系是一个国家经济成熟、会计发展的主要标志之一。所谓完备，是指会计人员在产生相关会计行为时，有着确切的职业道德标准供其作为行为参考；同时，该职业道德体系应能有效发挥对会计行为的激励与制约作用。

从我国的会计职业道德体系建设的实践来看，总体来说，已初步建立起会计职业道德的基本框架。《中华人民共和国会计法》（以下简称《会计法》）规定："会计人员应当遵守职业道德，提高业务素质。对会计人员的教育和培训工作应当加强。"财政部依据《会计法》的规定制定发布了《会计人员从业资格管理办法》，有相当多的篇幅涉及会计职业道德问题。从具体会计职业道德规范来看，针对从事独立审计的会计人员职业道德建设，中国注册会计师协会在1996年颁布了《中国注册会计师职业道德基本准则》，此后又颁布了《中国注册会计师职业道德守则》，以对注册会计师的职业道德行为进行规范。针对会计人员职业道德建设，1996年财政部

1

颁发的《会计基础工作规范》中包含专门章节进行了论述，这开启了中国对会计职业道德进行规范的历史进程。2003年3月，人民出版社出版了由财政部部长项怀诚先生主编的《会计职业道德》一书，其中核心内容在之后被纳入会计人员从业资格考试，这实际上将会计职业道德列为会计人员入职门槛。此外，1995年7月，审计署在《审计署关于内部审计工作的规定》中提出内部审计人员应遵循的职业道德要求。上述规范在一定程度上为会计人员的职业道德行为提供了指引。

伴随着经济发展和改革的进一步推进，现有的会计职业道德规范需要进一步完善以满足当前经济社会对会计工作的需求。具体来说，对会计职业道德完善的需求来自以下几个方面：第一，如何从经济社会各个部分对会计工作的共同需求出发，建立起一套适应财务会计、管理会计、独立审计、内部审计乃至政府审计的既具通用性又不乏职业特性的会计职业道德规范，从而大大提升会计职业道德规范的适用性和系统性？第二，如何将会计职业道德的原则性要求，具体情景化为具有更强可操作性的指导准则，以提升会计职业道德的可理解性和实用性？第三，如何厘清会计职业道德、会计法律、会计技术规范对会计工作影响的界限，以共同提升三者对会计工作的促进作用？进而使会计职业道德对会计行为的引导和制约作用落到实处？第四，如何突出体现社会主义市场经济对会计工作的特殊要求，从而建立起具有一定"中国特色"的会计职业道德规范体系？进而凸显中国会计职业道德规范的"中国"特性？以上不可忽视却又迫在眉睫的需求，在会计职业道德规范的完善过程中，须予正视，不容回避。

本项研究认为，当前应系统性地制定会计职业道德规范，并能够满足上述四项具体需求。

1.1.2 研究问题

为达成上述研究目标，建设既具有中国特色、又在充分借鉴国际经验的基础上吸收对会计职业道德的共性要求、体现兼容并蓄特征的会计职业道德规范，本项研究着重聚焦以下几个研究问题：

（1）会计职业道德的本质、内涵和要素。本部分着重探讨经济社会需要会计职业道德发挥的基本功能以及其包含的基本要素结构，其中涉及会计职业道德与法律、会计技术规范的边界问题讨论。

（2）会计职业道德规范的中国需求。本部分着重讨论的问题是：当前中国对于会计职业道德规范的特殊要求是什么？与国际范围内的需求有何差异？需要何种会计职业道德规范与上述需求相适应？

（3）会计职业道德规范的共性特征。本部分着重讨论的问题是：会计职业道德规范的共性特征是什么？如何从国际范围内各国或经济体的会计职业道德规范中，提炼出对会计职业道德规范的共性需求？

（4）中国会计职业道德规范体系的具体内容。本部分着重讨论的问题是：如何在上述研究的基础上，形成一套适应当下中国的会计职业道德规范，既体现出会计工作的通用特征和要求，又能够体现出不同会计职业的个性化特征和要求？

通过对以上问题的研究，本项研究期望能够总结出对我国会计职业道德规范建设的科学、系统的认识，从而对当前环境下完善中国特色会计职业道德规范体系提出建设性建议。

1.2　研究基础

1.2.1　相关文献

我国对会计职业道德的研究阶段，大致可分为两个高峰期：一是1996年中注协发布《中国注册会计师职业道德基本准则》以后；二是2002年我国"银广厦"事件和美国"安然"事件以后。在这两个阶段都涌现了一大批针对会计职业道德建设的专著和学术论文。国外会计界长期以来十分关注会计职业道德，其中美国、英国的研究成果比较具有代表性。

（1）会计职业道德的内涵与边界

会计职业道德的内涵与边界问题，虽然未能在理论界构成争论的焦点，但是学界对于其认识并不一致，这也直接影响了界定会计职业道德规范的边界。

我国对于会计职业道德的研究，早期以潘序伦[①]为代表，他于1933年首次对会计师的职业道德下了定义，三把会计职业道德归纳为：公正、诚信、廉洁、勤奋。这种对于会计职业道德的认知，强调了会计人员的道德特质对于会计工作质量的影响。

中华人民共和国成立后，由于计划经济的特有性质，使得会计信息质量在经济社会运行中不构成焦点命题，所以改革开放之前，社会对会计职业道德规范没有产生巨大的社会需求。改革开放早期，关注会计职业道德的学者开始出现，且数量仍不多。宣树源（1982）认为职业道德是在职业中产生的人与人之间关系的行为规范和准则，会计职业道德的重要之处，就是要正确处理好服务与监督的关系；在论述具体事项路径时，仍强调个体修养在职业道德中的重要性，建议通过加强学习、职称评定和教育来实现职业道德水平的提升。魏克发是改革开放进程早期阶段较早研究会计职业道德规范的学者，他于1986年组织编写了《社会主义会计职业道德规范》一书，这是中华人民共和国成立以来第一部会计职业道德专著，提出以"顾大局，讲效益，求实际，遵法纪，身廉正"作为社会主义会计

---

① 潘序伦. 立信会计丛书［M］. 上海：立信会计出版社，1933.

职业道德的一般纪律。与前人的看法相比，魏克发（1986）的观点强调将待人与处事并立，它们共同构成会计工作质量的道德因素。

早期的会计活动目标较为单一，作用范畴也比较窄。因此，对会计职业道德的基本要求也比较简单，较为重视人的精神追求以及工作所要达到的具体效果。

20世纪90年代初期，社会开始强调会计职业道德对会计人员的规范作用，指出会计职业道德是引导和制约会计行为并协调会计人员和各方社会关系的规范。持这种观点的学者有陈亚民（1991）、汤业国（1995）等。同时，随着现代企业制度和会计准则的建立，对会计职业道德研究更加系统科学。张兆国（1991）等人在《略论我国会计规范体系的系统构造》一文中指出，会计职业道德规范和会计法律规范共同构成指导和约束会计人员的标准，强调整个会计规范体系的协调发展。

随着经济制度环境的日益复杂，我国学者对会计的内涵与边界的看法出现分歧，主要划分为"利益观"与"能力观"两个阵营。"利益观"的主要代表人物有于增彪（1996），他于《略论我国会计职业道德》一文中指出，会计职业道德着重解决会计职业界各个成员所面临的利益冲突问题，强调会计人员对利益冲突的解决。而"能力观"则认为，专业胜任能力是会计人员执行会计工作中必不可少的条件，因此在会计职业道德体系的构建中应该强调专业胜任能力。韩传模（2002）指出，会计人员缺乏专业知识与素养会大大降低会计工作效率，违背会计职业道德的要求。此外，有学者提出会计职业道德的"服务观"，认为会计职业道德致力于帮助会计人员更好地提供专业服务。认为会计人员应在专业胜任的基础上，遵循会计职业道德的指导，以更好地为单位、客户等社会公众提供服务，处理各方的利益冲突问题。这种观点实际上是"利益观"与"能力观"的结合，也是本书所推崇的观点。

目前对会计职业道德内涵的研究日趋成熟，会计职业道德的边界也日渐明晰，但是仍存在许多问题亟待解决。上述学者的研究为我们提供了宝贵的理论与实践经验，也为我们建设中国会计职业道德体系提供了思路与方向。

（2）会计职业道德建设的意义

显而易见，会计职业道德在规范会计人员行为、提高会计服务质量等方面发挥十分重要的作用。受到社会环境的限制，早期主要强调从道德和精神文明的角度开展会计职业道德建设，会计职业道德建设带有鲜明的政治色彩，具有其历史局限性。

随着会计理论和会计实践的不断深化，我国学者对于会计职业道德建设的意义的理解更加深刻。张兆国（1991）指出，探索和研究会计规范的内在规律，发展和完善会计规范体系是促进会计管理行为优化、提高会计管理水平的重要步骤，当前的会计职业道德建设还有待进一步全面、深入地研究。与张兆国

（1991）的观点类似的还有齐向阳、吴冬梅[1]（2009），他们也强调随着我国会计法规体系的日益健全、完善，研究和构建具有中国特色的会计职业道德体系已成为当前深化会计管理体制改革面临的重要课题。

作为会计人员的重要组成部分，注册会计师在向社会公众服务时扮演了日益重要的角色，因此在加强会计职业道德建设时也应该强调注册会计师的职业道德建设。董晓平、齐殿伟[2]（2004）认为：为使注册会计师切实担负起神圣的职责，为社会公众提供高质量的、可以信赖的专业服务，在社会公众中树立起良好的职业形象和职业信誉，就必须大力加强对注册会计师的职业道德教育，强化注册会计师的道德意识，提高注册会计师的道德水准。注册会计师道德水准如何是关系到整个行业能否生存和发展的大事。

鉴于我国会计人员的素质不够高、职业道德意识不够强、外部监督机制不够完善等一系列问题，会计职业道德建设尤其是注册会计师职业道德建设具有深刻的现实意义和深远的历史意义。

（3）会计职业道德失范分析

世界范围内财务舞弊与审计合谋案的发生，使得会计职业道德的治理问题在21世纪重新面临着严峻的挑战。从道德角度来看，会计失真表现为部分会计行为者道德沦丧、有法不依，进而违法犯罪；相当一部分会计主体不能遵守会计道德规范，制造虚假的会计信息。这些行为极大程度地扰乱了市场正常运营，降低了资源配置的效率，造成了国家税收和国有资产的大量流失。

我国学者对会计职业道德失范的原因进行了广泛深入的探讨，会计失范的原因在很长一段时间内成为了会计理论界争论的焦点。目前对于会计失范的原因并没有统一的结论，国内外学者从内部原因、监管机制、内外部综合影响等角度对该现象进行了分析，形成了"利己主义观""博弈论""政府行政缺失观""内控缺失观""社会伦理道德观""四因素论""三因素论"等一系列观点。

"利己主义观""博弈论"从内部角度解释了会计职业道德的失范问题。彭兰香[3]（2002）等人认为会计职业道德失范是由于会计人员出于自身利益的角度，为自己创造价值所导致的。常叶青[4]（2006）也是该观点的支持者，她认为会计人员职业道德失范是会计人员在现代社会被物质环境所诱导而产生的唯物质的功利主义思想所导致的。与此观点趋同的还有潘玉红（2008）[5]。她从心理学的角度阐述了会计人员个性心理和群体心理对会计违规行为的影响。上述都是"利己

① 齐向阳，吴冬梅. 加强会计职业道德建设的若干思考 [J]. 经济技术协作信息，2009（8）.
② 董晓平，齐殿伟. 浅析注册会计师职业道德 [J]. 工业技术与经济，2004（10）.
③ 彭兰香，李彩虹. 从会计伦理学角度看会计信息失真 [J]. 湖南财政高等专科学校学报，2002（4）.
④ 常叶青. 会计囚徒困境的伦理学思考 [J]. 会计之友，2006（3）.
⑤ 潘玉红. 企业会计人员违规行为的心理探讨 [D]. 重庆：西南大学，2008.

主义观"的典型代表。杨雄胜（2002）[①]和雷又生（2004）[②]则利用博弈论分析了这个问题，他们认为会计人员职业道德缺失的原因在于会计人员陷入博弈论的"囚徒困境"之中，两种力量对比的结果是会计人员一般会选择执行领导命令，进行造假。

"政府行政缺失观""内控缺失观"和"社会伦理道德观"则从监督机制的角度分析了这一现象。张卫华[③]（2002）是"政府行政缺失"观点的代表人物，他从政府的角度分析，认为政府自身行政行为不良导致政府诚信缺失，是诱发会计诚信缺失、职业道德失范的主要原因之一。"内控缺失观"则认为，审计单位缺乏内部控制，或者内部控制失效，也会导致审计舞弊的发生，持这种观点的有黄世忠[④]（2002）等人。此外，雷又生（2004）表明，社会伦理道德日益滑坡、缺乏有力的道德规范引导也是会计失范的重要原因，这是"社会伦理道德观"的主要观点。

另外一种观点是对上述两种观点的总结和概括，认为会计职业道德失范是内外部因素综合作用的结果，包括"四因素论"和"三因素论"等观点。Bologna（1993）[⑤]提出了贪婪（G）、机会（O）、需要（N）、暴露（E）的四因素理论，表达了会计人员舞弊产生的四个条件"贪婪和需要"与行为人个体有关，"机会和暴露"则更多地与组织环境有关。与其观点类似的还有Albrecht[⑥]（1995），他提出了会计人员舞弊"三因素论"。他认为会计人员舞弊的产生是压力、机会和借口共同作用的结果。

以上这些学者的研究深刻地分析了会计人员违反职业道德的原因，为我们建立职业道德约束机制提供了重点，也为我们提高我国会计职业道德体系的原则性与可操作性提供了思路与方向。

（4）加强会计职业道德建设的对策

早期我国学者对于会计职业道德的建设研究主要集中在道德教育的层面，强调应该加强会计职业道德建设，建设高度精神文明队伍。但是，这种研究数量较少，没有引起足够的重视。20世纪90年代以后，张兆国（1991）等学者开始用理论研究的方法阐述会计规范整理构建的思路，指出要以会计目标为理论依据，在总结会计实践的基础上，从分析相关环境的影响入手，研究会计规范体系的构成以及各构成部分的作用和相互联系，建立一套完整的、科学的、适合我国国情

---

① 杨雄胜. 会计诚信问题的理性思考 [J]. 会计研究，2002（3）.
② 雷又生. 会计信息失真的道德分析 [J]. 会计研究，2004（4）.
③ 张卫华. 谈政府诚信缺失对会计诚信的影响 [J]. 四川财政，2002（11）.
④ 黄世忠. 安然事件对注册会计师监管模式的影响——兼论诚信教育和审计质量 [J]. 中国注册会计师，2002（2）.
⑤ BOLOGNA G.JACK.Lindquist Robert J and Wells Joseph T [M]. Wiley: The Accountants' Handbook of Fraud and Commercial Crime，1993.
⑥ ALBRECHT W.SWERNZ G.W，WILLIAMS T.L.Bring the Light to the Dark Side of Business [J]. New work Irwin Inc，1995.

的会计规范体系。但是，这种研究没有给出建设会计职业道德体系的具体措施，会计职业道德建设缺乏切实可行的方案。

伴随着会计体制改革等一系列进程，财政部会计司也对会计工作做出了不懈努力，我国学者开始提出切实可行的建设方案。一些学者通过借鉴国外会计职业组织的职业道德建设，指出我国会计职业道德建设应该吸收融汇西方会计职业道德的价值目标、体系构建和精神内核，并与中国传统优秀道德文化相互融会。

汤谷良、安娜·里奇①（1996）系统地分析美国的会计职业道德体系，指出中国会计职业道德体系的建设应该体现实质上的通用性与中国传统道德文化的相互融会，同时强调内容上的原则性与可操作性。

吴水澎、刘启亮（2005）指出，会计职业道德是一种自律机制，从本质上讲是会计职业人员集体意志和责任的具体要求。我国学者提出加强会计职业道德的措施主要集中在两个方面："内部约束机制""外部监督机制"，又称为会计职业道德的"内律机制"与"外律机制"（陈长寿、杨仕鹏，2002）。本书认为，会计职业道德的建设应该采取外部制约与内部自律相结合的方式。关于自律机制的建设，2001年财政部设立重点会计科研课题，对该问题进行了深入研究。该课题的研究成果《会计职业道德的自律机制》②中指出，会计职业道德自律是以会计职业良心为核心的会计自律道德完善与以会计职业义务为核心的他律道德，强调了内部自律与外部自律的结合。

会计职业道德建设的组织实施是一项复杂的系统工程。从具体措施来看，应通过制度创新，完善相关法律支持和保障体系，采取自我修养与外部监督相结合，宣传、教育与检查惩戒相结合，行业自律与舆论监督、政府监管相结合，以德引导会计行为与以法规范会计行为相结合等形式，发挥政府部门、行业组织、企事业单位、新闻媒体以及社会公众等方面作用，实现"内律机制"与"外律机制"的完美结合（冯卫东、郑海英③，2003）。

上述科研成果为我们"国际化"加"本土化"的思路提供了理论依据，是我们研究的理论基础。中国会计职业道德建设应该迎合时代特征，注重"内律机制"与"外律机制"的有机结合，不断提高会计职业道德体系的可操作性、完整性与科学性。

1.2.2　相关会计组织实践

世界各国尤其是经济发达国家的会计组织，建设并发展会计职业道德具有较长的历史。充分借鉴其会计职业道德建设的成果和经验，对于我国建设具有自身

① 汤谷良，里奇. 借鉴美国经验 建立中国会计职业道德体系 [J]. 会计研究，1996（3）.
② 韩传模，田琨儒，等. 会计职业道德的自律机制 [J]. 会计研究，2001（1）.
③ 冯卫东，郑海英. 论会计职业道德建设的实施机制与制度创新 [J]. 会计研究，2003（9）.

特色的会计职业道德规范具有十分重要的意义。

1) 国际统一规范制定

国际会计师联合会（IFAC）成立于1977年，它吸收各国公认或法律认可的、享有盛誉的全国性会计团体为会员，目前拥有来自114个国家的156个会员团体，代表着全球范围内240多万名会计师，是当今国际上具有重要影响力的国际机构。国际会计师联合会在下设的7个理事会中设置了会计师国际道德准则理事会（IESBA），负责会计职业道德方面的建设。会计师国际道德准则理事会由1名主席和17名志愿者会员组成，旨在通过为职业会计师制定高质量的道德准则以及促进道德准则的国际趋同，为公众利益服务，以提高全球职业会计师服务的质量和稳定性，增强全球会计行业的公信力。

会计师国际道德准则理事会自1980年起开始修订、发布《国际会计职业道德准则》及与之配套的解释公告，并不断根据实践需要进行更新修订。理事会制定道德规范严格按照"研究磋商——透明辩论——征求公众意见——修改征求意见稿——投票通过"的程序进行，制定流程严密、透明、开放，形成的《国际会计职业道德准则》体系严谨、逻辑清晰、指导性强，为各国开展会计职业道德的建设提供了很好的范本与指南。

2) 各国会计组织实践

各国会计组织在《国际会计职业道德准则》的指引下，根据各国实际开展了本国的会计职业道德建设。其中代表性较强、发展水平较高、对我国会计道德建设有借鉴意义的主要有英、美、法等国。

（1）英国

英国会计职业道德的建设历史长、发展水平高，形成了体系健全、层次清晰的会计职业道德建设体系。英国在借鉴《国际会计职业道德准则》的框架及基本原则的基础上，构建起以国家法律为原则基础、各主要会计组织进行细化补充的相对完善的会计职业道德体系。

在法律层面，英国通过《公司法》中有关条例明确对公司会计和会计职业团体的职业道德进行了规范。在会计组织层面，英国三大权威会计师组织特许公认会计师公会（ACCA）、特许管理会计师协会（CIMA）、英格兰会计师协会（CIAS）于1976年联合设立了英国会计职业团体协商咨询委员会（CCBA），下设职业道德联络委员会（CCAB），对各会计组织具体制定各领域会计职业道德规范进行统一指导，实现会计职业道德体系相对一致与各行业特别要求的统一。

（2）美国

美国会计是在继承英国会计的基础上建立和发展起来的，其非常显著的特征就是在美国联邦政府的大力支持下，通过民间会计组织建设会计职业道德体系。

在2002年以前，美国的会计职业道德规范主要是由证券交易委员会（SEC）授权各民间会计组织自行制定的，但是"安然事件"等重大资本市场丑闻发生后，美国各界对注册会计师行业的道德失范问题产生了极大的关注。2002年7月25日，美国国会通过了《公众公司会计改革和投资者保护2002年度法案》，该法案改革了会计信息披露体制，设立了在SEC监督下的、独立于会计职业组织之外的"公众公司会计监察委员会"（PCAOB），重新制定了会计职业道德规范。后安然时代美国注册会计师职业道德规范主要包括职业道德概念、行为守则、行为守则解释和道德裁决。

其他职业团体也根据自身的特点分别制定了各自的会计职业道德规范，主要有美国注册会计师协会（AICPA）制定的《国际会计职业道德准则》、财务经理人协会（FEI）制定的《国际会计职业道德准则》、管理会计师协会（IMA）制定的《管理会计师道德行为标准》和国际内部审计师协会（IIA）制定的《IIA职业道德规范》等。

（3）法国

法国在吸收《国际会计职业道德准则》的框架及基本原则的基础上，突出了本国注重法制的传统。

法国会计道德中最基本的道德观念是：遵规守法，诚实真实，在会计职业道德体系中突出强调法制在规范职业道德行为上的作用。在建设会计职业道德过程中，政府通过颁布大量的会计法规来对企业会计人员的职业行为进行全面的规范，其中最著名的是《会计总方案》。这些法律规范十分精细，涉及企业会计工作的各个方面，这与其他国家在法律层面只进行原则性指导有很大的不同。

作为欧盟的成员国之一，法国会计也受到欧盟发布的指令的影响。在欧盟第4号指令中要求各国会计将"真实与公允"作为首要前提，法国的会计规范也就此进行修改，将这一精神融入法律之中。

除以上列举的几个国家外，其他国家在各自的会计职业道德建设过程中也都体现了各自的特点，如日本的会计职业道德体系特别强调了会计师的社会责任感和使命感，澳大利亚在借鉴国际准则的基础上特别强调与本国现有审计准则等的相互融合和特殊情景的处理等具体问题，等等。这些国家的做法各有特点也各有利弊，我们在建设具有中国特色的会计职业道德体系时也应结合我国的具体情况和发展水平，兼收并蓄，取长补短，为我所用，最终实现促进我国会计事业发展的目标。

1.3 研究思路

本项研究的目标兼顾"国际化""本土化""通用化""会计职业化"，构建既对接国际化通则又带有本土化特色，既符合各行业职业道德普遍要求又体现会计职业道德特殊要求的职业道德规范。图1-1为本书研究思路与路径。

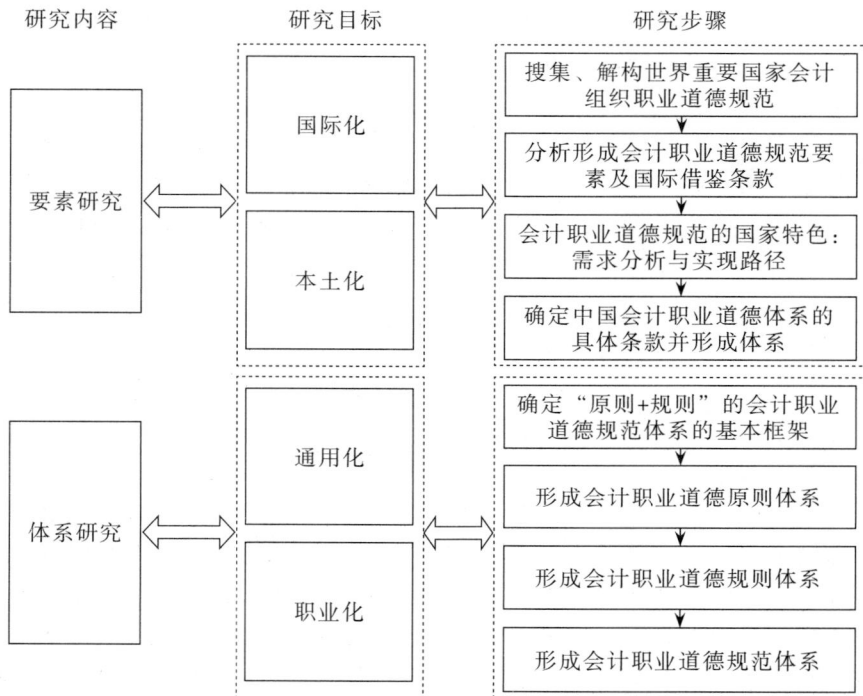

研究内容	研究目标	研究步骤
要素研究	国际化	搜集、解构世界重要国家会计组织职业道德规范
		分析形成会计职业道德规范要素及国际借鉴条款
	本土化	会计职业道德规范的国家特色：需求分析与实现路径
		确定中国会计职业道德体系的具体条款并形成体系
体系研究	通用化	确定"原则+规则"的会计职业道德规范体系的基本框架
		形成会计职业道德原则体系
	职业化	形成会计职业道德规则体系
		形成会计职业道德规范体系

图1-1　本书研究思路与路径

1.3.1 国际化与本土化

"国际化"是指本项研究成果应体现与国际接轨的特征，这就要求在研究过程中应充分借鉴国际上相关国家会计组织关于会计职业道德体系建设的成熟经验，在分析其是否对我国有用的基础上实现"西为中用"。"本土化"则是指研究成果应能体现中国对会计职业道德的特殊需求，应能建立适应中国国情、立之有用、行之有效的会计职业道德体系。

在具体过程上，实现"国际化"主要通过搜集世界主要国家会计组织发布的权威会计职业道德准则文件，并进行翻译、整理，对会计职业道德应包含的具体要素、共识内容进行解构、整理，为搭建中国会计职业道德规范的基本框架和要素体系打下基础。实现"本土化"就是要在分析中国需要何种会计职业道德规范的基础上，纳入中国对会计职业道德的具体需求，并与会计职业道德的框架体系进行融合，与国际规范进行比较研判，从而确定中国会计职业道德规范的具体条款。

1.3.2　通用化与职业化

"通用化"是指会计职业道德规范应兼顾财务会计、管理会计、外部审计等不同种类会计职业对职业道德的共性需求，所建立的职业道德规范体系应能适用于全口径会计职业。"职业化"则是指为了增强会计职业道德规范的行为引导和约束功能，它应能够针对不同类别的会计职业提供具体行为指引。

为达成上述目标，我们拟在会计职业道德规范体系中分别设置原则和规则两个相互联系的部分来实现。其中，原则部分强调通用化功能，应适用于全口径会计职业；规则部分则针对不同会计职业作出具体行为指引。

1.4　研究的贡献与不足

1.4.1　可能的贡献

在推进我国的会计职业道德建设，完善我国的会计职业道德体系方面，本研究主要有四个方面的贡献。第一，可以说这是在全世界范围内，首次尝试建立针对一国的会计人员的会计职业道德体系。第二，将会计职业道德的国际化与本土化进行对接，实现有机融合与统一，即向国际惯例靠拢的同时，适当体现中国特色。第三，强调从各个要素的本质与内涵出发来研究会计职业道德。第四，结合我国实际情况，增强会计职业道德内容的可操作性和适用性，尽可能地为会计人员提供相关指引。

1）首次尝试建立针对一国会计人员的职业道德体系

通过对目前其他国家现有的会计职业道德的搜集与整理，我们发现几乎所有的会计职业道德准则或行为规范所适用的对象都是特定协会或组织的会员及相关团体。其中一个原因是，这些会计职业道德准则都是由协会或组织制定并发布的，它所针对的对象只是局限在获得、或者是未获得但正在申请协会认证资格的个人及团体，会计组织性质的确定性表明了组织会员的职业也相对明确，因此，其规范目的和适用范围具有特定性，但同时也具有一定的有限性。

中国当前的会计从业人员规模数以千万计，且会计工作种类繁多，职业性不好明确界定。因此，面对这种现实情况，我国的会计职业道德准则必须要扩大其适用范围和受众对象。

考虑到上述问题，本研究首次尝试建立针对一国会计人员的职业道德体系，即把我国的会计职业道德准则的适用范围扩大至全国的会计人员，尝试建立全国的会计人员都应遵循的职业道德规范。

2）国际化与本土化的有机统一

一方面，1978年改革开放以来，中国经济迈入国际市场，会计界也不例外，中国会计改革的进程反映了中国会计发展的国际化趋势。随着会计准则等的国际趋同，会计职业道德也应有相应的变化，使中国会计更进一步地融入国际化的浪潮中。

不同的国家或地区，有着不同的经济、政治、文化和社会环境，因而也形成了各具特色的会计职业道德体系。但随着经济全球化的发展，各国的会计职业道德也必将相互借鉴、相互影响，会计职业道德的主要内容势必存在着一些共性的方面，而这些共性的方面正是社会进步和经济发展对会计职业所提出的具有普遍性特征的要求。因此，在某种程度上，我国在建设和完善会计职业道德上，可以循着国际上各国会计职业道德的轨迹，借鉴和参考国际组织和其他国家会计职业道德框架和体系中成熟的、共性的部分，大胆汲取合理的、有益的内容，为我所用，这对于充实、丰富和发展我国的会计职业道德有着重要的意义。他山之石，可以攻玉。中国会计职业道德的重塑需要跟上国际化的步伐，与国际惯例接轨。

另一方面，我国在制定会计职业道德准则时，必须充分考虑中国的具体国情，强调本土化。我国与其他国家在经济结构、市场发展程度、政治体制、文化背景、法律体系、公司治理结构、会计职业现状等层面上存在差异，这要求会计职业道德的内容体现一定的中国特色，强化其现实性，从而有助于解决现实中出现的中国专有和特殊的问题，适应我国经济社会发展的客观需要。

因此，在会计职业道德要素体系的构建上，本研究对多个国际上的会计组织的职业道德体系进行了较细致的解读和分析，同时也单独研究了中国会计职业道德的要素体系，紧密结合了中国对于会计职业道德要素的特殊要求。

总而言之，会计职业道德的国际化与本土化并不矛盾，只有将二者有机地统一起来，才是一种理性的、全面的选择。既立足本国，又面向世界。一切从实际出发，博采众长，兼收并蓄，求同存异。通过比较和分析国际上的会计职业道德体系，采纳其核心且具有共性的成果，根据我国特有的环境和情况，认真总结相关经验，更好地制定中国会计职业道德准则和规范。

3）强调会计职业道德要素的本质与内涵

本研究在制定会计职业道德体系之前，着重进行相关的要素研究，而在研究各个要素时，特别强调从要素的本质与内涵出发。

一个科学、完整、系统的会计职业道德体系需要由各个具体的会计职业道德要素组成，而要素的本质与内涵则是最本原、最核心、最关键的部分，应当是整个体系的基石，是指导会计人员职业行为的基本信条，也是会计人员自身需要建立并遵守的基本观念。有了要素的本质与内涵，才能进一步制定相关的具体规则。

4）强化会计职业道德内容的可操作性

在会计职业道德体系的建设中，要注重会计职业道德内容理论性和可操作性的融合。理论性要求为会计职业道德提供思路、方向和原则，旨在增强会计职业道德的理论思考，为其具体的实施提供理论上的基础和依据。可操作性要求对于特定的工作环节有明确和清晰的具体规范，能够使得会计人员在职业活动中便于约束、检查以及对照自身的行为，避免高度概括的、抽象的内容导致会计人员无所适从的情况，促使其形成良好的职业习惯，提高其会计职业道德水平和业务素质。

因此，在会计职业道德的各个要素研究上，本研究在着力确定每个要素的本质和内涵，提高理性含量的同时，结合我国的实际情况，对于相关的工作流程提出具体的会计职业道德要求和指导，从抽象到具体，提高会计职业道德的可操作性和适用性。当然，由于会计实务活动和经济活动的多样性和复杂性，本研究提出的行为规范不可能穷尽每一个工作环节，但也尽最大可能为会计人员在主要的、关键的工作上提供了必要的指引。

1.4.2 研究不足

本研究由于一些现实因素的限制，在以下两个方面仍存在不足。

第一，本项研究所借鉴的各国会计组织发布的会计职业道德规范，因受语言的限制，而局限于具有英语文本或中文翻译本的相关规范。因此，未能充分借鉴世界全部主要国家会计组织的会计职业道德体系。

第二，本研究对国际各个组织的会计职业道德体系进行了解读，但在遇到英语词汇一词多义的情况下，有可能出现对会计职业道德体系的偏误解读。此外，不同的国家、不同的组织有时会采用不同的术语表达相似的含义，但含义是否完全一致，有待商榷。因此，在研究解读的过程中，不可避免地会存在主观性影响因素所带来的偏差。

以上不足，都有可能使得本项研究的最终成果偏离预定逻辑。

2 会计职业道德体系之要素研究

2.1 研究目的与研究方法

2.1.1 研究目的

本章研究的主要目的是勾勒出会计职业道德体系应包含何种要素。所谓要素，是构成一个客观事物的存在并维持其运动的必要的最小单位，是构成事物必不可少的因素，又是组成系统的基本单元。会计职业道德体系的要素，亦可理解为会计职业道德体系的基本结构和框架。

一个科学、完整、严密的会计职业道德体系离不开具体的会计职业道德要素的支撑，而厘清会计职业道德要素的本质与内涵对于整体框架的科学性与合理性来说至关重要。在我们的研究中发现，各个组织会计职业道德准则的具体要求虽然形形色色，但是其中存在一定的联系与本质上的共同点，我们认为有必要根据其共同特征对会计职业道德要素进行界定与分类。

2.1.2 研究方法

我们对会计职业道德要素的研究主要以规范研究为主，在对会计职业道德要素基本内涵的界定上主要采用了文献收集法；在解构国际组织职业道德准则时主要使用了归纳法、比较研究法来分析各国准则的异同；在发掘我国新要求时采用了文献收集法、归纳法，查阅相关文献、书籍和互联网上的资料，并对其进行汇总与提炼，绘制中国职业道德要素体系图。研究步骤如下：

步骤一：解构国际组织会计职业道德体系。对各国际组织职业道德准则进行精炼描述，并找出各国职业道德框架的异同点，将其中的具体项目按要素重新分类，并绘出各国体系框架图。

步骤二：在会计职业道德要素研究中融入中国的要求。深入分析影响我国会计职业道德要素体系的因素，从社会主义核心价值观、社会主义职业道德、会计改革要求、会计职业道德规范这四个方面出发，充分挖掘体现我国特色的会计职业道德要求，并将其按要素进行分类。

步骤三：阐述中国会计职业道德要素体系。以个人特质、职业素养、职业能力3个要素作为分类依据，绘制包含国际职业道德要求和我国具体要求的职业道德要素框架图，并对3个要素的具体内涵进行深刻解读。

2.2 解构国际会计组织职业道德体系

2.2.1 解构方法

在对各国会计组织的会计职业道德规范体系进行解读时，我们采用的具体解构方法及步骤如下：

①搜集、翻译、整理各国主要会计组织颁布的会计职业道德规范文件及组织规范中对会计人员职业道德行为进行规范的文件、条款等，以会计组织为单位对各组织的会计职业道德规范体系架构进行了梳理。

②在厘清各会计组织职业道德规范体系架构的基础上，概括提取出各组织会计职业道德规范的基本原则，作为一级项目，将对各原则的分解、细化条目作为二级项目，进一步梳理各会计组织道德规范体系的内在逻辑。

③对比各会计组织职业道德体系一级项目，即原则要求的异同点，将各国的共性原则要求加以提取，作为构建我国会计职业道德体系的重点参考原则。具体采用的界定标准为将超过40%会计组织认定为基本原则的一级项目作为国际上对会计职业道德的普遍要求加以保留。

④对各国对会计职业道德的共性要求进行进一步梳理分析，形成对国际会计职业道德共性原则的整体认识。一方面，对各原则内涵、实质及具体要求进行整合梳理，具体操作原则为尽可能涵盖各组织对基本原则的核心要点，对实质相同部分进行合并整合；另一方面，在解读各原则的基础上，对基本原则进行归纳整体，梳理各原则间的内在逻辑，形成"要素—基本原则—原则解析"的层级体系，得到对国际会计职业道德要求的系统性认识。

2.2.2 世界各国会计组织会计职业道德规范简介

本书共解读了美国、英国、法国、德国、日本、加拿大、澳大利亚7个国家的会计职业道德规范体系。在解读过程中，我们选取了各国具有代表性的会计组织共15个，对这些组织所颁布的会计职业道德规范文件及协会规则中对会员、学员的会计职业道德方面的有关规定进行了简要解读。各国主要会计组织及其颁布的会计职业道德规范简介见表2-1：

表 2-1 各国会计组织及其会计职业道德规范简介

国家	会计组织简介	规范文件	适用范围	基本结构
美国	美国注册会计师协会（AICPA）成立于1887年，是美国全国性会计职业组织。AICPA有规则制定权、业务监管权和部分违规处罚权。AICPA对注册会计师和会计师事务所的管理通过以下方式实现：①制定准则和规则；②组织注册会计师考试和阅卷；③进行后续教育；④促进和督促准则和规划的实施	AICPA职业道德准则	AICPA会员，包括从事公共会计业务的注册会计师和持有注册会计师资格证书但未实际从事公共会计业务的人员	准则由四个部分组成：原则、行为规则、行为规则解释和道德裁决。其中，原则是对注册会计师应具备品质的一般性讨论；行为规则是会员必须遵守的具体规定；行为规则解释是对行为规则的说明；道德裁决是职业道德执行委员会对会员执业过程中遇到的具体情况和矛盾的处理解答
	美国管理会计师协会（IMA）成立于1919年，为企业内部的财务专业人员提供资格认证和服务。IMA致力于通过开展研究、CMA认证、继续教育、社交网络及倡导最高职业道德标准等方式，转变传统财务领域思维模式，服务全球财会行业，从而推动企业优化绩效，成就会员个人职业发展	IMA职业道德守则公告	IMA会员	守则由原则、标准和职业道德决议三个部分组成
	美国财务经理人协会（FEI）对全世界的财务经理开放会员资格，主动制定CFO法案，支持改善商业环境的立法，致力于促进于企业财务管理的发展	FEI道德准则	FEI会员	准则提供了会员应当遵守的原则，同时融合了各项规则
	国际内部审计师协会（IIA）成立于1941年，是由内部审计人员组成的国际性内部审计职业团体，其前身是美国内部审计师协会。IIA致力于为全球内部审计职业提供强有力的领导	IIA职业道德规范	注册内部审计师及协会会员	规范包括两个基本部分：与内部审计职业和实务相关的原则；描述内部审计师行为规范的行为规则。规则对原则在实践中的具体应用提供了具体指导

续表

国家	会计组织简介	规范文件	适用范围	基本结构
英国	英格兰及威尔士特许会计师协会（ICAEW）总部位于英国伦敦，是全球领先的会计职业组织，目前拥有140 000多名会员，分布在160多个国家的事务所、商业和公共部门等。ICAEW 是全球会计师联合会（GAA）的联合创始机构之一，同时也是唯一受邀参加世界经济论坛的专业团体	ICAEW 道德规范	适用于所有 ICAEW 组织成员、分支机构、成员企业的雇员以及适用情况下的成员企业职业和商业活动	守则规定了五项基本原则，及必须始终遵守的基本精神。具体规则分四部分展开，一部分是对所有成员的一般性要求，其余三部分分别针对处理实践活动、商业活动和破产工作进行具体规范
英国	特许公认会计师公会（ACCA）成立于1904年，是全球性的职业会计师组织。ACCA 是国际会计准则委员会（IASC）的创始成员，也是国际会计师联合会（IFAC）的主要成员。ACCA 致力于在应用一致的标准的基础上加强全球的会计职业准则建设	ACCA 道德规范及行为准则	适用于 ACCA 所有成员，以及在 ACCA 实践中的合作伙伴（或董事）。同时，也适用于类似实践中的所有成员	守则分为四个部分，Part A 适用于所有会计人员，Part B 适用于公共会计人员，Part C 适用于企业会计人员，Part D 适用于从事破产工作的职业会计人员
英国	国际会计师公会（AIA）总部设于英国，是世界领先的国际会计认证团体。AIA 于1994年获得英国审计资格（RQB），这是国际会计认证团体所能获得的最高殊荣和认证。同时，AIA 还是世界最大的经济体——欧盟特约的审计组织。AIA 是五大国际会计认证机构之一，在英国、欧洲及许多主要国家 AIA 为法定会计师资格	AIA 职业道德准则	AIA 所有成员	基本遵从 IESBA 制定的国际会计职业道德守则。分为三个部分：Part A 适用于所有会计人员，Part B 适用于公共会计人员，Part C 适用于企业会计人员
法国	法国注册审计师协会（CNCC）成立于1969年，是一个由注册审计师组成的专业团体，受司法部管辖，在法国各地设有34个地方委员会。协会的主要职责是进行审计师行业的自律管理，具体包括审查审计师的执业资格、办理注册登记事务、制定审计准则和执业道德规范、对审计师进行培训和执业检查。协会设有审计准则委员会，会计准则委员会，法律委员会，培训委员会等	CNCC 审计行业道德规范	CNCC 成员	分为七个部分，第一部分是对总体会计职业道德的规范及基本要求，其他部分是对审计人员在具体工作中遇到的实际情况的规定

国家	会计组织简介	规范文件	适用范围	基本结构
德国	德国法定会计师公会（WPK）是依《德国注册会计师法》规定于1961年成立的对法定审计从业者实行管理的公法社团，在政府的监督下开展工作，主要对于法定审计师的执业资格和执业质量进行管理，法定审计师强制入会	WPK职业守则	法定审计师（WP）和宣誓会计师（VBP），两者统称为公共会计师	该准则由五个部分组成：总体职责、执行审计和发布审计意见时的职责、专业合作时的职责、维持专业工作质量时的职责和最后规定。其中总体职责涉及指导道德的内容较多，其余部分主要涉及执业时的具体要求
日本	日本公认会计士协会（JICPA）成立于1949年，1966年根据《公认会计士法》重组，是日本公认会计士的唯一组织。其主要职责包括：对会员执业质量情况进行监督；继续教育；积极参与企业会计委员会；增加会员服务机会；积极参加国际组织；积极推动IFAC和IASB项目、活动及通告；出版JICPA月刊读物	伦理规则	适用于全体JICPA成员。《公认会计士法》规定，每一个日本公认会计士都必须成为JICPA成员	准则分为三部分：通用基本准则、适用于事务所成员的准则及适用于公司成员的准则
加拿大	加拿大注册会计师协会（CGA－Canada）始创于1908年，在加拿大十个省两个地区设有分会。CGA注重会计及财务管理知识培训，同时在整体培训过程中贯穿计算机信息技术、应用分析能力、综合管理能力、领导能力及道德操守和行为准则的专业教育	CGA职业道德原则与行为准则	协会会员和参加协会专业学习项目的学员	包括两个部分：道德原则和行为规则。道德原则说明了应遵守的道德标准，行为规则根据道德原则进行编写，进行了更详细的说明
	加拿大特许专业会计师协会（CPA-Canada）是支持统一的加拿大会计职业事业的全国性组织，2013年CICA和CMA Canada成立了CPA－Canada，2014年CGA-Canada也参与了进来，实现了加拿大会计职业国家层面的统一，目前统一进程仍在继续	CPA职业行为规则	协会会员、学员和提供服务的团体	仅制定了基本原则

国家	会计组织简介	规范文件	适用范围	基本结构
加拿大	加拿大特许会计师协会（CICA）为政府、企业和非营利组织协助起草和制定加拿大会计与审计的制度，同时协会也会为成员提供教育的机会	纽芬兰省特许会计师协会职业行为规则	协会会员、学员和提供服务的团体	仅制定了基本原则
	加拿大注册管理会计师协会（CMA Canada）是世界三大管理会计师组织之一，也是一个在管理会计方面有着高水准的自律型组织	纽芬兰省管理会计师协会职业道德准则	协会会员	说明了会员应当和禁止做的事情
澳大利亚	澳大利亚会计专业与道德准则理事会（APESB）成立于2006年。澳大利亚会计师公会（CPA Australia）、澳大利亚特许会计师协会（ICAA）、澳大利亚公共会计师协会（IPA AU）是其三大成员	澳大利亚会计职业道德准则	准则适用于三大成员机构 CPA Australia、ICAA、IPA AU 的会员	准则分为三部分，通用基本准则、适用于事务所成员的准则及适用于公司成员的准则

2.2.3　世界各国会计组织会计职业道德规范解构

在对各国主要会计组织的会计职业道德规范进行分析后，我们可以得到对各国会计职业道德规范建设情况的整体性认识。在此基础上，我们对各组织的会计职业道德规范进行了进一步解构，在仔细阅读原规范文件的基础上梳理出各组织对会计职业道德的基本原则要求。

1）美国

从20世纪初期开始，围绕注册会计师职业道德准则的制定，美国会计职业界为其职业道德建设做出了艰苦卓绝的努力，至今已形成包括《注册会计师职业品行规范》在内的多元化、多层次的职业道德体系。

美国的会计职业道德规范体系具有以下两点显著特征：①针对性强，体系完备，便于各类会计从业人员遵照执行。根据现代会计职业高度分化的要求，美国会职业界分别针对注册会计师、管理会计师、财务经理、内部审计师的职业特点制定了相应的职业行业规范，为会计人员在实际工作中的遵照执行提供了便利。②规范文件内部层次分明，逻辑清晰，能够为注册会计师提供不同程度、不同范围的指导，具有较强的操作性。

美国各主要会计组织会计职业道德规范基本原则架构见表2-2：

表2-2　　　　　　**美国各主要会计组织会计职业道德规范基本原则架构**

会计组织	基本原则	原则解析
美国注册会计师协会（AICPA）	正直	要求会员保持正确和公正
	客观	要求会员在履行职业责任时，保持客观性和避免利益冲突，保持形式上和实质上的独立性
	独立	要求会员在履行职业职责时，保持形式上和实质上的独立性
	保密	未经客户特殊允许，事务所会计人员不得泄露客户任何机密信息
	专业能力	要求会员恪守专业技术和道德准则的要求，坚持不懈地提高专业能力和服务质量
	负责	要求会员在所有执业活动中都应保持职业敏感和道德判断
	维护职业声誉	要求会员不得做出有损职业声誉的行为
	遵纪守法	要求会员一切行为遵守相关法律法规
	公众利益	要求会员为公众利益服务、获取公众信任、履行对职业界的承诺
美国管理会计师协会（IMA）	正直	禁止会员从事任何可能违背职业道德的行为
	保密	除授权或法律要求之外，禁止会员泄露因工作获知的机密信息
	专业能力	要求会员通过持续学习知识和技术，保持合适的职业竞争力
	可信	要求会员公平客观地传递信息，按照相关要求及时、准确披露信息
	负责	要求会员在执业过程中对客户、雇主及公众负责
	公众利益	要求会员为公众利益服务、获取公众信任、履行对职业界的承诺
美国财务经理人协会（FEI）	正直	要求会员诚实、正直地行动
	独立	避免人士或业务关系中形式上及实质上的利益冲突
	保障客户知情权	为委托人提供及时、准确、客观、完整、相关、可理解的信息
	遵纪守法	遵守国家法律法规及相关准则
	勤勉负责	要求会员对待工作勤勉负责，按约定保质保量完成工作
	保密	要求会员尊重工作过程中获知信息的机密性
	专业能力	要求会员保持和分享职业需要的知识和技能
	公众利益	要求会员提供服务时注重维护公众利益
国际内部审计师协会（IIA）	正直	要求会员正直、诚实、勤恳地开展工作
	客观	禁止会员参与可能妨碍或被认为妨碍其公正评价的活动或关系，包括参与与组织利益相冲突的活动或关系
	保密	要求会员谨慎利用、保护履行职责过程中获取的信息
	专业能力	要求会员只能从事与其所具备的知识、技能和经验相适应的服务活动

综合而言，美国会计职业道德规范体系较为完善，体系完备、层级分明、针对性强，可操作性强，各会计组织对会计职业道德规范要求整体统一又有各自的侧重点，整体发展水平较高，很值得我国学习借鉴。

2）英国

英国是职业会计师发展最早的国家，会计准则、制度的建设都相对完善。会计职业道德规范体系在历史发展过程中，几经修订充实，目前已经形成了相对完备的体系。

英国会计职业道德规范体系的显著特征主要有以下两点：①行业自律程度高，政府干预较少，具有显著的职业团体规范性质。在英国会计职业道德规范体系中，《公司法》仅做出原则性规定，各团体负责制定颁布具体的会计职业道德规范，对不合格者予以督导和专业性惩罚，约束全体会计人员的行为、净化行业环境。②规范具体详实，情景化程度高，可操作性强。英国会计职业道德涉及会计师在执行专业活动中的一切技术性或非技术性行为，其规范文件的指南文本有几十万单词之篇幅，对会计人员在实践过程中可能遇到的各种具体情境进行了说明并提供了指导，具有很强的可操作性。

英国各主要会计组织会计职业道德规范基本原则架构见表2-3：

表2-3　　　　英国各主要会计组织会计职业道德规范基本原则架构

会计组织	基本原则	原则解析
英格兰及威尔士特许会计师协会（ICAEW）、特许公认会计师公会（ACCA）、国际会计师公会（AIA）	正直	要求会员在所有职业和商业关系中，保持正直，并要求进行公平真实的交易
	客观	要求会员必须不偏不倚，不能因偏见、利益冲突和他人的不当影响左右自己的职业判断
	独立	要求会员在执业过程中保持形式上和实质上的独立性
	保密	要求会员保守因职业或商业关系获得的信息，在未经授权的情况下，不得将此类信息泄露给第三方或借此为自己或第三方谋利，法律或职业规范有披露要求的情形除外
	专业能力	要求会员具备并保持实践要求的知识和专业技术水平，勤勉尽责
	应有关注	要求会员具备与专业和商业发展相适应的不断更新的观念和相关技术
	勤勉负责	要求会员对待工作勤勉负责，合理规划，在规定时间内保质保量完成工作
	遵纪守法	要求会员遵守相关法律法规
	维护职业声誉	要求会员不得做出有损职业声誉的行为

注：英国三大会计组织会计职业道德基本原则一致，具体条款上有所差别，暂不列示。

综合而言，英国各会计组织对会计职业道德规范原则要求高度统一，各会计组织协同合作，在会计职业道德建设中发挥了重要作用。充分发挥会计协会组织的积极作用这一点很值得我国借鉴学习。

3）法国

法国会计职业道德强调遵规守法、诚实正直、真实公允、社会责任感。会计职业道德规范更强调在原则上进行指导，对具体会计实务的规范不多，赋予会计人员较大酌处权。

法国主要会计组织会计职业道德规范基本原则架构见表2-4：

表2-4　　　　　　　**法国主要会计组织会计职业道德规范基本原则架构**

会计组织	基本原则	原则解析
法国注册审计师协会（CNCC）	客观	要求会员必须保持不偏不倚，不能因偏见、利益冲突和他人的不当影响左右自己的职业判断
	正直	要求会员在所有职业和商业关系中，保持正直，并要求进行公平真实的交易
	保密	要求会员保守因职业或商业关系获得的机密信息
	独立	要求会员在人事关系和业务关系上保持形式上和实质上的独立
	专业能力	要求会员具备并维持开展业务所需的专业知识和技能
	遵纪守法	要求会员遵守相关法律法规
	维护职业声誉	要求会员不得做出有损职业声誉的行为

综合而言，法国会计组织对会计职业道德规范更侧重于原则性指导，而在《公司法》中有关条款进行了较为详细的规定，突出强调法制在建设会计职业道德中的作用，这也很值得我国学习。

4）德国

德国会计系统受到政府等外部监督相对严格，会计职业道德比较强调规避风险、高度稳健、恪尽职守、各负其责。

德国主要会计组织会计职业道德规范基本原则架构见表2-5。

综合而言，德国会计组织单一，对会计职业道德规范要求明确统一，并受到相对严格的外部监督，我国在会计职业道德建设过程中也应采取外部监督与行业自律相结合。

表2-5 德国主要会计组织会计职业道德规范基本原则架构

会计组织	基本原则	原则解析
德国法定审计师公会（WPK）	客观	要求会员工作中必须保持客观公正，不偏不倚
	勤勉	要求会员以称职、勤奋的态度来履行专业职责
	保密	要求会员对职业活动中获知的涉密信息严格保密
	负责	要求会员在合同要求时间内认真完成全部义务，为服务对象实现最大利益
	遵纪守法	要求会员遵守相关法律法规、行业自律规范以及所在机构的规章制度
	维护职业声誉	要求会员无论在职责范围内外其行为都应符合职业准则要求并赢得信任

5）日本

日本公认会计士协会是日本唯一的会计士组织，协会颁布的《伦理规则》文件对全体日本会计人员的职业道德行为进行了规范。《伦理规则》主要遵循国际会计师职业道德准则理事会（IESBA）制定的《国际会计职业道德守则》的框架，加以充实补充，特别强调了会计人员对国民经济发展的使命和履行社会责任的义务。

日本主要会计组织会计职业道德规范基本原则架构见表2-6：

表2-6 日本主要会计组织会计职业道德规范基本原则架构

会计组织	基本原则	原则解析
日本公认会计士协会（JICPA）	正直	要求会员在所有职业和商业关系中，保持正直，并要求进行公平真实的交易
	客观	要求会员必须保持不偏不倚，不能因偏见、利益冲突和他人的不当影响左右自己的职业判断
	保密	要求会员保守因职业或商业关系获得的信息，在未经授权的情况下，不得将此类信息泄露给第三方或借此为自己或第三方谋利，法律或职业规范有披露要求的情形除外
	专业能力	要求会员具备并保持实践要求的知识和专业技术水平
	勤勉负责	要求会员对待工作勤勉负责，合理规划，在规定时间内保质保量完成工作
	遵纪守法	要求会员遵守相关法律法规
	维护职业声誉	要求会员不得做出有损职业声誉的行为

综合而言，日本会计职业道德规范在主要参照《国际会计职业道德准则》的基础上，与本国强调社会责任感与使命感的文化特征相融合。我国会计职业道德建设在与国际接轨的过程中也应注意与本国文化相融合。

6）加拿大

加拿大会计职业道德规范更侧重于原则上的要求，明确必须履行的义务和严令禁止事项，对会计实务中具体情形的规范较少，赋予会计人员更多职业判断的空间和酌处权。

加拿大各主要会计组织会计职业道德规范基本原则架构如表2-7所示。综合而言，加拿大会计组织较多，对会计职业道德规范的要求较为全面，但多数组织更注重原则性规范，较少具体细则指导，会计人员裁量权较大。

表2-7　　　　加拿大各主要会计组织会计职业道德规范基本原则架构

会计组织	基本原则	原则解析
加拿大注册会计师协会（CGA-Canada）	公众利益	要求会员在工作中不得做出有损公众利益的行为
	应有关注	要求会员在自身所在领域内不断提高专业知识和技能，并且依据应有的谨慎和职业判断使用这些技能知识
	避免错报漏报	要求会员不得错报或漏报任何其已知或应知的错误信息或者误导性信息
	公平	要求会员在执业过程中公开、公平地对待他人
	遵纪守法	要求会员不得从事违反法律法规的行为
加拿大特许专业会计师协会（CPA-Canada）	客观	要求会员不得因偏见、利益冲突或他人的不正当影响损害自身的职业或商业判断
	保密	要求会员保护因职业关系、雇佣关系和商业关系而获得的机密信息
	正直	要求会员在执业过程中保持正直
	专业能力	要求会员了解、遵从职业标准的发展变化，保持专业技能和胜任能力
	应有关注	要求会员在执业过程中给予应有的关注
	维护职业声誉	要求会员不得做出有损职业声誉的行为
	公众利益	要求会员将守护和增进社会利益作为一项基本责任
	公平	要求会员在执业过程中公开、公平地对待他人

会计组织	基本原则	原则解析
加拿大特许会计师协会（CICA）	客观	要求会员不得因偏见、利益冲突或他人的不正当影响损害自身的职业或商业判断
	应有关注	要求会员在执业过程中给予应有的关注
	专业能力	要求会员了解、遵从职业标准的发展变化，保持专业技能和胜任能力
	保密	要求会员保守因职业关系、雇佣关系和商业关系而获得的机密信息，在没有特别授权的情况下，不得将其透露给第三方或为自己或第三方谋利
	公众利益	要求会员将守护和增进社会利益作为一项基本责任
	公平	要求会员在执业过程中公平对待同事、客户和雇主
	维护职业声誉	要求会员不得做出有损职业声誉的行为
加拿大注册管理会计师协会（CMA-Canada）	忠诚	要求会员忠于公众的要求，忠于同事、雇主及客户
	负责	要求会员执业过程中认真负责，提供优质服务
	客观	要求会员不得因偏见、利益冲突或他人的不正当影响损害自身的职业或商业判断
	保密	要求会员除特殊情况外，不得披露任何有关会员雇主和客户事务的机密信息
	保障客户知情权	要求会员确保雇主或客户获知全部应被告知的业务或利益相关信息
	诚实	要求会员对待其他会员诚实有礼
	维护职业声誉	要求会员不得做出有损职业声誉的行为
	公平	要求会员在执业过程中公平对待同事、客户和雇主
	专业能力	要求会员具备必需的专业胜任能力
	遵纪守法	要求会员执业过程中严格遵守相关法律法规

7）澳大利亚

澳大利亚会计专业与道德准则理事会（APESB）制定的会计人员职业道德准则（Compiled APES 110 Code of Ethics for Professional Accountants），是澳大利亚影响力最大的会计职业道德的规范性文件。该文件依据国际会计师职业道德准则理事会

（IESBA）制定的《国际会计职业道德守则》的框架制定，并进行了充实完善。尤其注重道德规范与本国法律、规范的融合，并根据本国已有相关会计、审计法律法规、规范对会计职业道德规范进行了详细规定、补充和情境说明。

澳大利亚主要会计组织会计职业道德规范基本原则架构见表2-8：

表2-8　　　　澳大利亚主要会计组织会计职业道德规范基本原则架构

会计组织	基本原则	原则解析
澳大利亚会计专业与道德准则理事会（APESB）	正直	要求会员在所有职业和商业关系中，保持正直，并要求进行公平真实的交易
	客观	要求会员必须保持不偏不倚，不能因偏见、利益冲突和他人的不当影响左右自己的职业判断
	保密	要求会员保守因职业或商业关系获得的信息，在未经授权的情况下，不得将此类信息泄露给第三方或借此为自己或第三方谋利，法律或职业规范有披露要求的情形除外
	专业能力	要求会员具备并保持实践要求的知识和专业技术水平
	勤勉负责	要求会员对待工作勤勉负责，合理规划，在规定时间内保质保量完成工作
	遵纪守法	要求会员遵守相关法律法规
	维护职业声誉	要求会员不得做出有损职业声誉的行为

综合而言，澳大利亚会计职业道德规范在主要参照《国际会计职业道德准则》的基础上，特别注意在细节上与本国现有法律及规范的衔接融合，这一点也很值得我国借鉴。

2.2.4　世界各国会计职业道德规范共性分析

在对各国主要会计组织的会计职业道德原则架构进行梳理后，很容易发现各国对会计职业道德基本原则存在很多重合，这些相同原则规范体现了各国对会计职业道德的共性要求。我们认为这是国际上就会计职业道德规范达成的共识，在构建我国会计职业道德规范体系时应重点考虑，实现与国际接轨。

为得到对国际上对会计职业道德普遍性原则要求更加精确的认识，我们对各国会计组织的原则要求进行了进一步整合，对各项基本原则被会计组织采用的频率进行了统计，得到统计情况如表2-9所示。

我们将被40%以上（含40%）会计组织采用的会计职业道德原则要求界定为国际共性原则要求，共得到12个共性原则要求。在对该12个共性原则要求的定义、内涵、具体要求进行进一步解读分析后，我们认为这12个共性原则分别从个人特质、专业能力和职业素养三个角度对会计人员应具备的职业道德进行了规范。至此，我们通过逐层分析、归纳、整合终于得到了对国际会计职业道德规范相对系统、合理、全面的认识，并据此梳理出各国会计组织会计职业道德规范共性元素评价表（见表2-9）。

表2-9　各国会计组织会计职业道德规范共有性元素评价表

基本原则	美国				英国			法国	德国	日本	加拿大				澳大利亚	计数	频率
	AICPA	IMA	FEI	IIA	ICAEW	ACCA	AIA	CNCC	WPK	JICPA	CGA	CPA	CICA	CMA	APESB		
专业能力	√	√	√	√	√	√	√	√		√		√	√	√	√	13	87%
保密	√	√	√	√	√	√	√	√		√		√	√	√	√	13	87%
客观	√		√	√	√	√	√	√		√		√	√	√	√	12	80%
维护职业声誉	√		√	√	√	√	√	√		√		√	√	√	√	12	80%
正直	√	√	√	√	√	√	√	√		√		√			√	11	73%
遵纪守法	√	√	√		√	√	√	√	√	√				√	√	11	73%
负责	√	√	√	√	√	√	√		√	√					√	10	67%
应有关注	√		√		√	√	√				√	√				7	47%
勤勉			√	√	√	√			√	√				√		7	47%
独立	√	√	√		√	√	√									6	40%
公众利益	√	√			√	√						√	√			6	40%
公平	√	√			√						√		√	√		6	40%
保障客户知情权											√			√		2	13%
忠诚														√		1	7%
可信		√														1	7%
避免错报漏报											√					1	7%
诚实														√		1	7%

2.3 中国对于会计职业道德要素的特殊要求

2.3.1 方法与思路

中国会计职业道德体系的建设必须根植中华民族的传统文化中，并体现时代发展要求，实现现代会计职业道德与中国传统文化的融汇。我们按照从一般到特殊、从大到小、从共性到特性的思路，层层汲取中华传统优秀文化，将其融入会计准则体系的制定过程中。

作为社会公民的组成部分，会计师首先应该服从于国家对社会公民的基本要求，这是对会计师的最低要求。由于会计职业的特殊性，会计相较于其他职业更应该注意协调各方的利益，会计人员更应恪守社会主义核心价值观的基本要求。其次，会计工作具有专业性，要求会计人员在开展工作时应遵守中国对所有从事专业工作的规范，会计人员应该遵循社会主义职业道德的基本要求。再者，随着会计实践与会计改革进程的不断加快，会计职业道德体系必须体现其时代特征。会计职业道德规范要素解构示意图如图2-1所示。

因此，我们以历届会计改革为着眼点，搜集会计改革相关文献与行政管理部门相关要求，以期捕捉我国会计改革的脉搏。最后，从现有的会计职业道德规范中吸取营养。新的会计职业道德体系的构建不能脱离原有的规范，原有合理的精神内涵与价值目标应予以保留，这也是体现中国道德文化的源泉。

我们基于上述思路，从以上四个方面探究中国会计职业道德的中华文化特质，并将其归入个人特质、专业能力、职业素养三大要素，以检验已有的框架体系是否合理与完善。会计职业道德规范要素之中国元素检验思路如图2-2所示。

2.3.2 会计职业道德要素的影响因素

1）社会主义核心价值观

社会主义核心价值观是社会主义核心价值体系的精神内核，作为基本理念的统一体，直接反映了社会主义核心价值体系的本质，并且贯穿于社会主义核心价值体系基本内容的方方面面。

党的十八大报告对社会主义核心价值体系的建设提出了明确的部署和要求，强调指出："倡导富强、民主、文明、和谐，倡导自由、平等、公正、法治，倡导爱国、敬业、诚信、友善，积极培育和践行社会主义核心价值观。"其从国家、社会和个人三个层面，对社会主义核心价值观的基本理念和具体内容进行了高

		正直	在所有职业和商业关系中，正直、诚实，同时也要求真实、公正的交易
	个人特质		
		公平	公开、公平地对待他人，避免不公平竞争
国际会计职业道德要素体系图		勤勉负责	会计人员应保持职业谨慎和勤勉作风
	专业能力	专业能力	在当前实践、法律、技术水平下，保持应有的职业技术能力，勤勉尽责，达到足够满足客户或雇主的要求的水平
		应有关注	会计人员在提供专业服务时应具备应有的关注，恪守专业技术和遵德准则的要求，不断提高专业知识、技能和服务质量
		客观	客观要求会计人员必须客观公正、不偏不倚，不得因偏见、利益冲突或他人的不当影响左右自己的职业判断
		独立	会计人员应保持形式上的独立和实质上的独立
	职业素养	保密	保守因职业或商业关系获得的信息，在未经授权的情况下，不得将此类信息泄露给第三方或借此为自己或第三方谋利，法律或职业规范有披露要求的情形除外
		遵纪守法	遵守相关法律法规
		维护职业声誉	避免发生对会计师职业声誉有不利影响的行为
		公众利益	会员有义务为公众利益服务、获取公众信任、履行对职业界的承诺

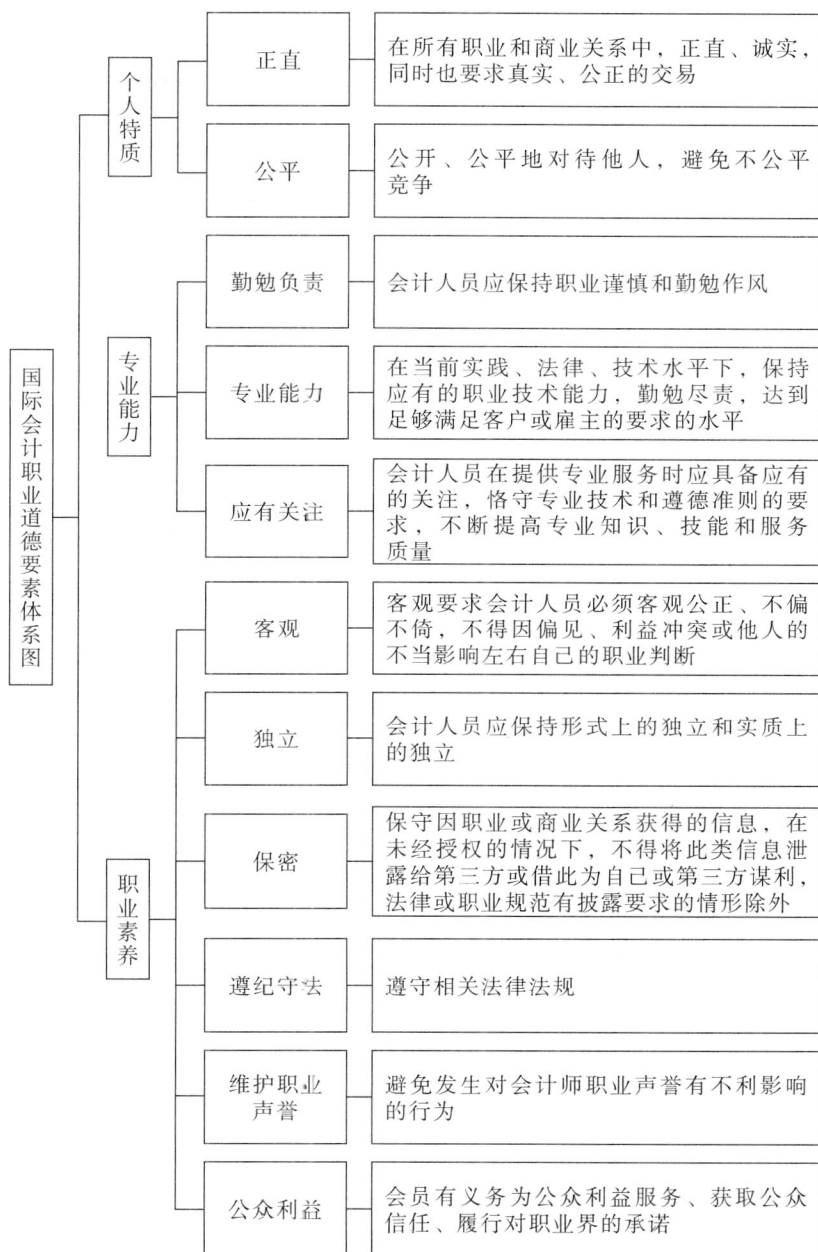

图2-1　会计职业道德规范要素解构示意图

度概括，致力于在多元化的新时代引领社会思潮、凝聚思想共识，同时也对会计职业道德的建设提出了要求、指明了方向。

思路   方法

对公民的基本要求	→	社会主义核心价值观
从事专业工作的规范	→	社会主义职业道德
社会对会计职业的要求	→	会计改革要求
既有会计职业道德规范	→	当前中国关于会计职业道德体系和规范的阐述

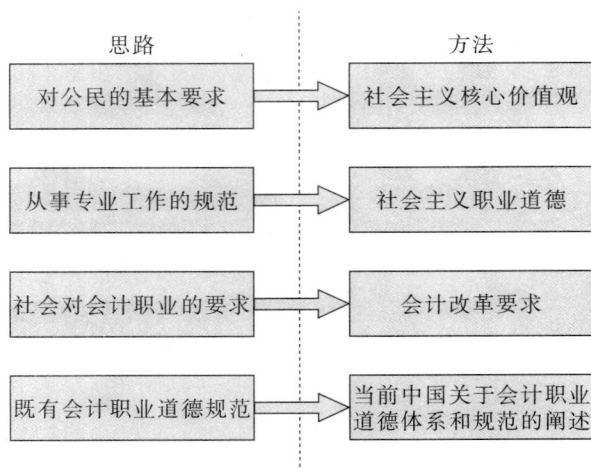

图2-2 会计职业道德规范要素之中国元素检验思路

"富强、民主、文明、和谐"在社会主义核心价值观中居于最高层次，是对国家层面的要求，对其他两个层次的价值理念具有统帅作用，是我国社会主义现代化国家的建设目标；"自由、平等、公正、法治"，是从社会层面对社会主义核心价值观基本理念的提炼。和上述的"富强、民主、文明、和谐"一样，在一定程度上，它们都对会计职业道德的发展、会计人员职业的发展和会计行业的建设有着宏观总体上的影响。"爱国、敬业、诚信、友善"，是每个公民必须恪守的基本道德规范，是社会主义核心价值观个人行为层面的理念精华。

在构建中国会计职业道德体系时，我们将"爱国、敬业、诚信、友善"这四个对公民个人层面的要求体现在个人特质要素中。

2）社会主义职业道德

社会主义职业道德是社会各行各业的劳动者在其职业活动中必须遵守的基本行为准则，也是社会主义核心价值观在职业活动中的具体反映。各行各业的广大从业人员应自觉按照社会主义职业道德的各项原则和要求，规范职业活动中的行为，会计人员也应当如此。

《中共中央关于加强社会主义精神文明建设若干重要问题的决议》中明确规定了各行各业的工作者都应共同遵守的五项基本道德规范，即"爱岗敬业、诚实守信、办事公道、服务群众、奉献社会"。其中，贯穿于全社会共同的职业道德的基本精神，以及社会主义职业道德的核心规范是为人民服务。社会主义职业道德元素表见表2-10。

我们将"爱岗敬业""诚实守信""办事公道"归入个人特质要素中，分别在"敬业""诚信""公平"要素中体现其中国内涵与特质。

表 2-10 社会主义职业道德元素表

要求	内涵
爱岗敬业	"爱岗敬业"是社会主义职业道德最基本的要求，也是社会主义市场经济条件下实现职业利益的必然要求。各行各业的从业人员要对所从事的行业和职业有责任感，兢兢业业地工作，并且努力勤勉，提高自身的职业修养和专业技能水平
诚实守信	"诚实守信"是社会道德和职业道德的基本规范，更是做人的基本准则。各行各业的从业人员应诚实待人、诚实行动、讲求信誉、建立信用。无论是在生产商品、提供服务，还是其他的劳动过程中，从业人员都应忠实履行相应的责任与义务
办事公道	"办事公道"是对待人和事应有的一种态度，要求从业人员在待人处事上和各种职业活动中要公正公平、合情合理
服务群众	"服务群众"即为人民群众服务，社会各行各业的从业人员要互相协作、互相服务，并且肩负起本行业应承担的社会责任，从而促进社会的发展，满足人民群众的相关需求。每个从业人员都应把人民群众的需要作为一切工作的出发点和落脚点
奉献社会	"奉献社会"就是自觉积极地为社会做贡献，它体现在爱岗敬业、诚实守信、办事公道、服务群众的各个要求中，是社会主义职业道德的本质特征。各行各业的从业人员应在职业活动中发扬奉献精神，正确处理好各种利益之间的关系

3）会计改革要求

近二十年来，中国会计处于一个不断发展和改革的周期。会计改革过程，一方面对会计职业道德体系的建设和完善提出了具体要求，另一方面也需要会计职业道德体系的不断提升来支撑改革目标的实现。本项研究从会计改革对会计职业道德体系建设的内在需求出发，搜集了从 2001 年至今发表在《会计研究》，且作者单位为财政部或者财政部会计司的全部论文，并从论文中提取了对于会计职业道德建设要求的相关论述。会计改革对会计职业道德规范建设的基本要求见表 2-11。

以上会计改革与发展相关文件资料表明，尽管会计改革在各个时期的侧重点与具体要求不尽相同，但是都包含着加强会计法规建设、提高会计从业人员素质、完善会计理论、加强与国际沟通交流等主要方面，因此，我们将上述因素归入"专业胜任"与"职业素养"要素，并在"专业胜任""应有关注""遵纪守法""维护职业声誉"要素的表述中体现时代发展的具体要求。

表2-11　　　　　　　会计改革对会计职业道德规范建设的基本要求

时间	文件	要求
2001	《抓住机遇巩固成果，全面推进我国的会计改革》	全面提高会计人员的专业判断能力和职业道德水平，切实做到"诚信为本，操守为重，遵循准则，不做假账"，全面推进我国的企业会计改革
2003	《学习贯彻十六大精神全面推进我国会计事业》	健全现代市场经济信用体系，要求提高会计从业人员职业道德水平。整顿和规范市场经济秩序，最根本的一点就是要在全社会形成诚信为本、操守为重的良好风尚。作为维护市场经济秩序的重要力量，会计从业人员和会计中介机构在整顿和维护市场经济秩序中应有所作为
2004	《对我国高级会计人才职业能力与评价机制的探讨》	规范和完善会计人员继续教育制度，不断保持和提高高级会计人才的专业胜任能力知识和经验的积累
2009	《我国注册会计师行业改革与发展进程中新的里程碑》	对广大注册会计师的要求：一要增强责任感、使命感、自豪感，二要加强学习、提高水平，三要合作共事、团结协作
2010	《中国企业总会计师的典范》	（1）牢记使命全心全意投入会计事业 （2）注重学习不断提升业务素质 （3）参与决策促进企业经营管理水平稳步提升 （4）开拓创新推动企业跨越式发展 （5）坚持原则率先垂范信服于人 （6）积极沟通营造和谐经营环境
2016	《弘扬财政精神之气　探寻会计精神之魂》	会计精神要充分体现"诚信为本、公字为先"。一是诚信为本，二是公字为先。这里的"公"字涵括公德、公平、公正、公开、奉公等方面

4）既有会计职业道德规范的相关规定

会计职业道德规范是指从事会计职业的人们在共同的职业兴趣、爱好、习惯、心理基础上形成的思想和行为方面的道德规范，如会计的职业责任、职业纪律等。

会计职业道德规范包括爱岗敬业、诚实守信、廉洁自律、客观公正、坚持准则、提高技能、参与管理、强化服务八个方面。其中，爱岗敬业是会计职业道德的基础，要求会计人员热爱自己的工作并拥有饱满的工作热情；诚实守信要求会计人员要老实办事，信守承诺；廉洁自律则要求会计人员保持清廉，约束自己的行为；客观公正要求会计人员保持公平公正、不偏不倚；坚持准则则要求会计人员遵守相关法律法规和会计制度的要求；提高技能是指会计人员应该持续提高职业技能，维持专业胜任能力；参与管理是指会计人员应该努力为管理活动服务；强化服务则要求会计人员强化服务意识。既有会计职业道德规范的基本要求见表2-12：

表 2-12　　　　　　　　　既有会计职业道德规范的基本要求

要素	内涵	基本要求
爱岗敬业	爱岗就是会计人员应该热爱自己的本职工作，安心于本职岗位。敬业就是会计人员具有会计职业的荣誉感和自豪感，在职业活动中具有高度的劳动热情和创造性，以强烈的事业心、责任感，从事会计工作	（1）正确认识会计职业，树立职业荣誉感。 （2）热爱会计工作，敬重会计职业。 （3）安心工作，任劳任怨。 （4）严肃认真，一丝不苟。 （5）忠于职守，尽职尽责
诚实守信	诚实是指言行和内心思想一致。不弄虚作假，不欺上瞒下。做老实人，说老实话，办老实事。守信就是遵守自己所作出的承诺，并信用、重信用，信守诺言，保守秘密	（1）做老实人，说老实话，办老实事，不搞虚假。 （2）保密守信，不为利益所诱惑。所谓保守秘密就是指会计人员在履行自己的职责时，应树立保密观念，做到保守商业秘密，对机密资料不外传、不外泄，守口如瓶
廉洁自律	廉洁就是不贪污钱财，不收受贿赂。自律是指自律主体按照一定的标准，自己约束自己、自己控制自己的言行和思想的过程	（1）树立正确的人生观和价值观。 （2）公私分明，不贪不占。 （3）遵纪守法，尽职尽责。会计人员不仅要遵纪守法，不违法乱纪、以权谋私，做到廉洁自律；而且要敢于、善于运用法律所赋予的权利，尽职尽责，勇于承担职业责任，履行职业义务，保证廉洁自律
客观独立	客观主要包括两层含义：一是真实性，即以实际发生的经济活动为依据，对会计事项进行确认、计量、记录和报告；二是可靠性，即会计核算要准确，记录要可靠，凭证要合法。公正就是要求各企、事业单位管理层和会计人员不仅应当具备诚实的品质，而且应公正地开展会计核算和会计监督工作，即在履行会计职能时，摒弃单位与个人私利，公平公正，不偏不倚地对待相关利益各方	（1）端正态度。 （2）依法办事。 （3）实事求是，不偏不倚。 （4）保持独立性。保持独立性，对于注册会计师行业尤为重要
坚持准则	指会计人员在处理业务过程中，要严格按照会计法律制度办事，不为主观或他人意志左右。"准则"不仅指会计准则，而且包括会计法律、法规、国家统一的会计制度以及与会计工作相关的法律制度	（1）熟悉准则。熟悉准则是指会计人员应了解和掌握《会计法》和国家统一的会计制度及与会计相关的法律制度，这是遵循准则、坚持准则的前提。 （2）遵循准则。遵循准则即执行准则。 （3）坚持准则。敢于和违法行为作斗争

要素	内涵	基本要求
提高技能	会计人员通过学习、培训和实践等途径，持续提高职业技能，以达到和维持足够的专业胜任能力的活动	（1）具有不断提高会计专业技能的意识和愿望。 （2）具有勤学苦练的精神和科学的学习方法
参与管理	参加管理活动，为管理者当参谋，为管理活动服务	（1）努力钻研业务，熟悉财经法规和相关制度，提高业务技能，为参与管理打下坚实的基础。 （2）熟悉服务对象的经营活动和业务流程，使管理活动更具针对性和有效性
强化服务	要求会计人员具有文明的服务态度、强烈的服务意识和优良的服务质量	（1）强化服务意识。会计人员要树立强烈的服务意识，为管理者服务、为所有者服务、为社会公众服务、为人民服务。 （2）提高服务质量

不难看出，现有的会计职业道德规范的基本要求与精神内核与国际会计职业道德基本一致，我们在制定中国会计职业道德体系时应该充分借鉴，并与国际规范相交融。上述要素中，诚实守信、爱岗敬业、廉洁自律属于个人特质，提高技能、参与管理、强化服务属于专业能力；客观公正、坚持准则属于职业素养要素。

2.3.3　小结

本部分研究从社会主义核心价值观，社会主义职业道德，会计改革要求，会计职业道德规范四个层面汲取中国特质，充分体现中国特色与时代内涵。此外，我们将中国特质融入现有的框架中，以检验其逻辑是否合理，并对国际职业道德框架进行补充。经过上述过程我们发现，中国特质可按"个人特质""专业能力""职业素养"三个要素进行分类，并且与国际职业道德精神内核基本一致，说明我们现有的逻辑框架基本合理。会计职业道德规范中国元素与要素对应表见表2-13。

综上所述，不难得出结论，我们可以根据个人特质、专业能力和职业素养三个模块，来构建中国会计职业道德规范的基本架构。在具体建设思路上，每个模块应包含国际组织相关规范解构后的共性因素，以及体现或包含中国特定需求的个性因素。

表 2-13   会计职业道德规范中国元素与要素对应表

要素	中国特质	来源
个人特质	爱国、敬业、诚信、友善	社会主义核心价值观
	敬业、诚信、公平	社会主义职业道德
	诚信、爱岗敬业、廉洁自律	会计职业道德规范
专业能力	专业胜任、应有关注	会计改革要求
	提高技能、强化服务	会计职业道德规范
职业素养	遵纪守法、维护职业声誉	会计改革要求
	客观公正、坚持准则	会计职业道德规范

2.3.4 中国会计职业道德体系最终框架

如前所述，中国会计职业道德体系是充分体现通用化与特色化、原则性与可操作性结合的系统、完整的体系。下面我们将展示中国会计职业道德体系最终框架，将其中包含的内容大致展示给读者。但是，这里我们不介绍整个体系的形成过程。每个要素的具体内涵、其中包含的具体一级要素的内涵与要求、它们的来源与形成过程我们将在第4章、第5章、第6章进行详细阐述。

中国会计职业道德体系包含个人特质、专业能力、职业素养三个要素，每个要素中又包含具体的一级要素。其中，个人特质要素包含四个一级要素，分别为：爱国敬业、诚实友善、正直公正、廉洁自律；专业能力要素一共包含四个一级要素，分别为：专业胜任、应有关注、勤勉负责、参与管理；职业素养要素一共包含七个一级要素，分别为：客观、独立、保密、遵纪守法、维护职业声誉、公众利益、风险意识。中国会计职业道德规范体系表见表2-14：

表 2-14   中国会计职业道德规范体系表

要素	一级要素	定义与内涵
个人特质	爱国敬业	爱国就是热爱祖国，以振兴中华为己任，促进民族团结，维护祖国统一，自觉报效祖国；敬业是指热爱敬重自己的本职工作，拥有职业荣誉感，兢兢业业，努力勤勉，忠于职守，尽职尽责
	诚实友善	诚信就是诚实守信。诚实是指言行和内心思想一致。不弄虚作假，不欺上瞒下，做老实人，说老实话，办老实事；守信就是遵守自己所作出的承诺，讲信用、重信用，信守诺言，保守秘密；友善是指公民之间应互相尊重、互相关心、互帮互助、友好相处，形成良好的人际关系

要素	一级要素	定义与内涵
个人特质	正直公正	正直就是指保持正确和公正；公正是对待人和事应有的一种态度，指从业人员在待人处事上和各种职业活动中要公正公平、合情合理
	廉洁自律	廉洁就是不贪污钱财，不收受贿赂，保持清白。自律是指自律主体按照一定的标准，自己约束自己、自己控制自己的言行和思想的过程
专业能力	专业胜任	专业胜任是指会计人员应该具备并保持从事相关会计活动要求的知识和技能，确保职业胜任
	应有关注	会计人员应该通过持续地学习、训练等形式保持和不断提高自己的专业能力，提高服务能力和服务质量，以更好地为客户或雇主提供服务
	勤勉负责	勤勉负责是指保持勤勉负责的工作态度，保质保量地为客户及雇主提供优质服务
	参与管理	参与管理就是指会计人员应该参加管理活动，为管理者当参谋，为管理活动服务
职业素养	客观	客观原则是指保持不偏不倚的客观态度，不因偏见、利益冲突和他人的不当影响左右自己的职业判断
	独立	独立原则是指在人事关系和业务关系中保持形式上和实质上的独立性。形式上的独立是指一个理性且掌握充分信息的第三方，在权衡所有相关事实和情况后，认为会计师事务所或审计项目组成员没有损害诚信原则、客观和公正原则或职业怀疑态度。实质上的独立则是一种内心状态，是注册会计师诚信行事，遵循客观和公正原则，保持职业怀疑态度
	保密	保密是指保守因职业关系、雇佣关系及商业关系获得的机密信息，在未获相关授权或法律规范要求披露的情况下，不得将此类信息泄露给第三方或借此为自己或第三方谋利
	遵纪守法	遵纪守法原则是指遵守相关法律法规、行业自律规范及所在机构的规章制度等
	维护职业声誉	维护职业声誉原则是指严格遵守职业准则要求，不得做出有损职业声誉的行为
	公共利益	会计人员执业过程中应该注重维护公众利益，为公众利益服务、获取公众信任、履行对业界的承诺
	风险意识	会计人员应该具备必要的风险意识，增强对职业风险环境的判断力，建立风险评估及防范机制，提高应对职业风险的能力

3 会计职业道德体系之体例与相关规则

3.1 中国会计职业道德体系的基本体例范式

3.1.1 国际化与本土化相结合

社会主义市场经济的发展现状是会计工作开展的基础环境。一方面，在经济全球化的大环境下，我国经济与世界联系更加密切，这要求我国会计体系也能够与国际相接轨，这既体现在指导原则的一致性，也应体现在具体规则的一致性上。另一方面，我国特有的经济文化实际又对会计工作提出了特殊的要求，无论是传统的文化观念的影响还是新时期的社会主义建设都深刻地影响着国人的思想观念，对会计人员的道德行为提出特性要求；此外，我国当下的经济、社会、法治的发展实际也对我国会计职业道德提出不同于国际社会的特性要求。因此，我国会计职业道德规则体系在充分考虑国际惯例同时结合了我国具体实际的要求，在与国际接轨的同时体现本土特色，以期更好地为我国会计人员的工作提供指导，更好地为我国会计事业乃至经济发展提供保证。

3.1.2 道德规范与法律法规相补充

会计职业道德体系是会计工作的有机组成部分，不是孤立存在的。会计职业道德与会计法律规范是相辅相成、互为补充的。会计法律法规为会计职业道德划定了不可触犯的底线，为会计职业道德的切实落实提供了国家机器层面的强有力保证；会计职业道德对相关会计法规进行了进一步补充和细节规范，同时为会计从业人员自觉遵守相关法规提供了思想道德层面的支持。作为会计职业道德体系重要组成部分的规则体系从具体行为规范的角度对会计人员的行为进行约束，这些具体规范应与现行法律法规、行政条例相互补充、相互支撑，以此明确地指导会计从业人员的行为，促使其行为既符合国家法律法规、行政规范的要求。若两者间存在矛盾，不仅会使会计职业道德规范的要求失去效力，也会令会计人员在实际工作中产生矛盾、无所适从，这是与会计职业道德规范的制定初衷相违背的。因此，我们在制定会计职业道德规范体系时应充分研读现行会计法律法规，并注重规范体系与现行法规的补充、支撑，通过对会计道德规范的遵循来确保对法律法规的遵守，发挥会计道德规范与国家法律法规的协同效应，共同促进会计事业的发展。

3.1.3 规则规范与原则要求相对接

会计职业道德规范体系作为一个有机整体，体系内部的要素体系和规则体系也是相互联系、相互补充、相辅相成的。要素体系为规则体系提供原则上的宏观指导，规则体系则是对原则要求在实务操作中的具体落实。一方面，原则要求在共性层面对全体会计从业人员应具备的道德职业素养进行了统一要求；另一方面，规则规范则对不同会计人员及不同会计工作中如何落实原则要求提供了具体的指导。为此，会计职业道德规则体系分别针对注册会计师和企业会计人员两类会计人员，从各关键会计工作环节对会计人员的行为进行了具体的规范及指导。

3.2 中国会计职业道德的相关规则分析

3.2.1 目的与意义

前文已经指出，会计职业道德体系的构建应该实现理论性与可操作性的融合。在每个要素体系的构建中，我们对每个要素的定义与内涵、具体要求进行详细阐述，为会计人员的具体工作提供理论指导。然而，会计人员对于这些要素的理解可能存在偏差或不足，会计职业道德仍然无法在实际工作中给予会计人员明确的指导。因此，我们应该强调增强会计职业道德的可理解性与可操作性，在具体工作流程中给予明确和清晰的具体规范。一方面，会计人员在具体工作中可以更加及时地用职业道德约束、检查对照自己的行为，促进会计工作的顺利开展；另一方面，会计职业道德在实际工作中具体应用能够增强会计人员对会计职业道德的理解，促进会计职业道德进一步完善。

3.2.2 定义与内涵

1）会计职业道德体系之规则体系

与会计职业道德之要素体系不同，会计职业道德之规则体系要求更加侧重可操作性，是在原则性要求的基础上对会计实务提出的具体可操作的规范，是指对会计人员执行工作时的每个工作步骤均提出具体要求，并把这些要求按照工作流程进行分类，形成一套与会计职业道德要素体系相辅相成，同时更加具体详细的会计工作规范与指引文件。

2）适用对象

研究各国会计职业道德建设时我们发现，会计职业道德规范文件形形色色，但是就其适用对象来看，会计职业道德规范的对象主要为注册会计师和企业会计人员，并以注册会计师为主。在制定中国会计职业道德的具体规则时，考虑到注册会计师与企业会计人员专业工作的差异性，我们认为有必要分别针对注册会计师和企业会计人员制定不同的规则。

3.2.3 方法论

为实现国际化与本土化相结合，我们仔细研究了国际会计职业道德规范等国际惯例要求，同时也对中注协等颁布的相关文件进行了研究。国际会计职业道德规范中对每一具体原则均进行了详细阐述，也对会计人员提供专业服务提出了具体的要求，这点与中注协颁布的《中国注册会计师职业道德守则》一致。但是，这些规则没有涵盖会计工作的全部主要流程，只是就一些重要工作环节进行约束。我们认为，有必要按照工作流程对会计人员的具体工作进行规范，形成一套独立完整的规则体系。我们以国际会计职业道德规范为基础，从中提取了专业服务的营销、接受客户关系、承接业务、客户委托变更、服务定价、客户资产托管、礼物与款待等具体工作要求，将其按照工作流程进行排序，作为专门的环节进行规范。

为实现道德规范与法律法规的对接，我们将中国的会计法律法规作为突破口，从法律规范中寻找会计工作流程中的具体规范，作为对国际流程规则的补充。在我们的研究中，财政部颁布的中国注册会计师审计准则对注册会计师的具体工作进行了非常详细的规范，我们将其作为研究的主要对象。此外，我们也详细研究了《会计法》、企业会计准则等相关法律法规，将其中相关内容有机融入会计职业道德规则体系中来。

为在会计工作中有针对性地落实会计职业道德指导原则的要求，我们通过规则要求分别针对注册会计师及企业会计人员的具体会计工作环节进行了规范。在上述方法论的指导下，会计职业道德指导规则的制定步骤如图3-1所示。

具体工作步骤详细说明如下：

步骤一：我国在对会计从业人员进行规范的现有法律法规、行业规范中，具有代表性的分别为对注册会计师进行规范的中国注册会计师审计准则及对企业会计从业人员进行规范的《会计法》。我们将这些规范区分为"技术标准"与"行为准则"。其中，技术标准是指从专业角度来看相关会计工作应该达到的质量标准，而行为准则则是指会计从业人员在执业过程中应该有哪些做法。我们认为具体规则是对会计从业人员的行为进行规范，而不是对具体会计工作质量进行规范，因此，我们仅对相关法规、准则中的行为准则了进行分析。

针对注册会计师	针对企业会计人员
区分审计准则的技术标准与行为准则	区分会计法规的技术标准与行为准则
↓	↓
确定行为准则所属会计工作环节	确定行为准则所属会计工作环节
↓	↓
确定行为准则所属的会计职业道德要素	确定行为准则所属的会计职业道德要素

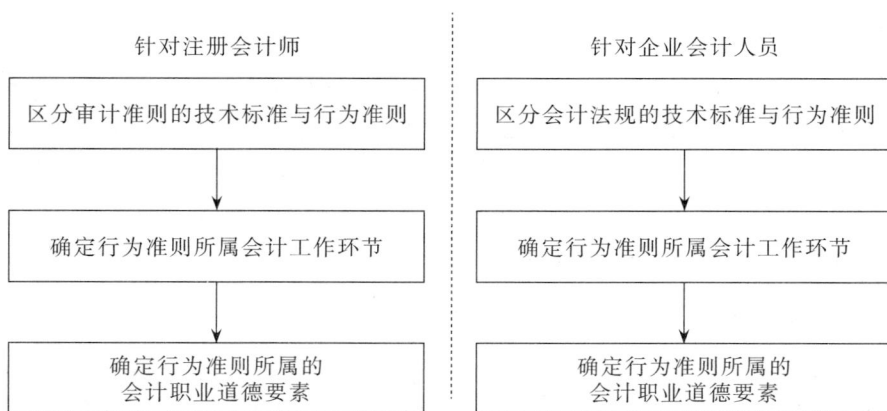

图 3-1 会计职业道德指导规则的制定步骤

步骤二：在区分了行为准则与技术标准之后，我们对每条行为准则进行了深刻地解读，分析该准则具体作用于哪一会计工作环节，在深入分析的基础上进行进一步归纳整合，将作用于同一会计工作环节的规则按照时间顺序、逻辑顺序等进行归纳梳理，为进一步形成职业道德规则体系奠定了扎实的基础。

步骤三：在区分行为准则与技术标准以后，我们对每条行为准则进行了深刻的解读，分析该行为准则是从哪些方面对会计从业人员的行为进行了规范，涉及会计从业人员的个人特质、专业能力、职业素养的哪个或哪些方面，具体涉及会计职业道德规范体系的哪个或哪些要素，确定该行为准则所属的会计职业道德要素，进一步检验会计职业道德要素体系逻辑框架的正确性。

3.3 注册会计师职业道德规范的中国规则

3.3.1 区分审计准则中的技术标准与行为准则

中国注册会计师审计准则共38条具体规范，从审计目标、审计业务的基本程序、审计环境等角度对注册会计师执行审计业务时进行了非常详细的规范。研究审计准则时我们发现，每条具体审计准则从目标、工作方法、具体要求等方面做出了规范，这些规范中既包含对审计工作质量进行规范的技术标准也包括对注册会计师行为进行规范的行为准则。在制定注册会计师职业道德规范的规则体系过程中，我们的侧重点在于注册会计师的行为，据此我们将审计准则进行区分梳理，共得到可吸收借鉴的行为规范共13条准则、53条具体规定。具体情况见表3-1：

表 3-1　　　　　　　　　审计准则中的技术标准与行为准则

序号	编号	名称	数目			
			总数	定义性要求	技术标准	行为准则
1	1101	注册会计师的总体目标和审计工作的基本要求	37	24	6	7
2	1111	就审计业务约定条款达成一致意见	21	4	10	7
3	1121	对财务报表审计实施的质量控制	40	2	34	4
4	1131	审计工作底稿	20	2	12	6
5	1141	财务报表审计中与舞弊相关的责任	51	11	37	3
6	1142	财务报表审计中对法律法规的考虑	29	10	13	6
7	1151	与治理层的沟通	24	10	12	2
8	1152	向治理层和管理层通报内部控制缺陷	12	6	4	2
9	1153	前任注册会计师和后任注册会计师的沟通	18	5	9	4
10	1201	计划审计工作	13	3	5	5
11	1211	通过了解被审计单位及其环境识别和评估重大错报风险	35	6	28	1
12	1221	计划和执行审计工作时的重要性	14	8	3	3
13	1231	针对评估的重大错报风险采取的应对措施	30	3	27	0
14	1241	对被审计单位使用服务机构的考虑	30	15	15	0
15	1251	评价审计过程中识别出的错报	16	4	12	0
16	1301	审计证据	15	8	7	0
17	1311	对存货等特定项目获取审计证据的具体考虑	13	2	11	0
18	1312	函证	23	9	14	0
19	1313	分析程序	7	3	4	0
20	1314	审计抽样	24	14	10	0
21	1321	审计会计估计（包括公允价值会计估计）和相关披露	28	12	16	0

序号	编号	名称	数目			
			总数	定义性要求	技术标准	行为准则
22	1323	关联方	27	13	14	0
23	1324	持续经营	23	7	16	0
24	1331	首次审计业务涉及的期初余额	15	5	10	0
25	1332	期后事项	20	7	13	0
26	1341	书面声明	19	6	13	0
27	1401	对集团财务报表审计的特殊考虑	63	2	61	0
28	1411	利用内部审计人员的工作	13	6	7	0
29	1421	利用专家的工作	16	2	14	0
30	1501	对财务报表形成审计意见和出具审计报告	38	11	24	3
31	1502	在审计报告中发表非无保留意见	29	2	27	0
32	1503	在审计报告中增加强调事项段和其他事项段	10	5	5	0
33	1511	比较信息：对应数据和比较财务报表	22	8	14	0
34	1521	注册会计师对含有已审计财务报表的文件中的其他信息的责任	18	6	12	0
35	1601	对按照特殊目的编制基础编制的财务报表审计的特殊考虑	15	7	8	0
36	1603	对单一财务报表和财务报表的特定要素、账户或项目审计的特殊考虑	19	7	12	0
37	1604	对简要财务报表出具报告的业务	33	5	28	0
38	5101	质量控制准则	74	26	48	0

3.3.2 行为准则对应工作环节梳理

为使注册会计师职业道德规范的规则体系更加清晰、明确，具有更强的可操作性，我们首先根据注册会计师实务工作中的各步骤梳理注册会计师工作流程，在此基础上，以实务工作流程为依托，针对各工作环节中可能遇到的问题、出现的状况进行有的放矢的规范、引导。

在对注册会计师工作进行调研的基础上，我们按照业务发生的先后顺序梳理出注册会计师的工作流程，并将贯穿相关会计业务始终、对相关会计业务起支撑作用的工作环节作为支持系统进行了梳理。最终形成注册会计师工作流程体系，如图3-2所示。

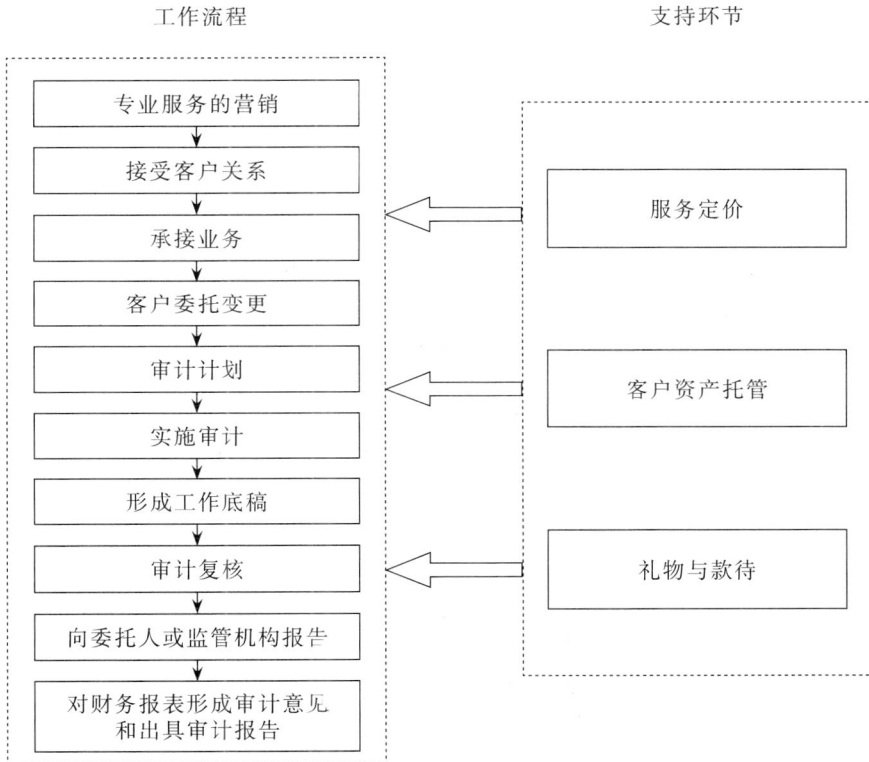

图3-2　注册会计师工作流程体系

在上述工作的基础上，我们进一步将中国审计准则中相关行为准则与注册会计师的实务工作流程相对应相结合，以工作流程为依托对审计准则中有关行为准则进行了分类整理。下面我们就以中国注册会计师审计准则涉及的工作环节为标准对提炼出的行为准则进行进一步整理概括。

1）承接业务环节

中国注册会计师审计准则中涉及承接业务环节的主要有第1111号——就审计业务约定条款达成一致意见准则、第1121号——对财务报表审计实施的质量控制准则和第1141号——财务报表审计中与舞弊相关的责任准则。原准则中有关行为准则主要条款见表3-2：

表 3-2　　　　　中国注册会计师审计准则中涉及承接业务环节的
准则中有关行为准则主要条款

流程	审计准则	条目	具体内容
承接业务	中国注册会计师审计准则第1111号——就审计业务约定条款达成一致意见	第5条	注册会计师的目标是，只有通过实施下列工作就执行审计工作的基础达成一致意见后，才承接或保持审计业务： （一）确定审计的前提条件存在； （二）确认注册会计师和管理层已就审计业务约定条款达成一致意见
		第7条	如果管理层或治理层在拟议的审计业务约定条款中对审计工作的范围施加限制，以致注册会计师认为这种限制将导致其对财务报表发表无法表示意见，注册会计师不应将该项业务作为审计业务予以承接，除非法律法规另有规定
		第8条	如果审计的前提条件不存在，注册会计师应当就此与管理层沟通。在下列情况下，除非法律法规另有规定，注册会计师不应承接拟议的审计业务： （一）除本准则第19条规定的情形外，注册会计师确定被审计单位在编制财务报表时采用的财务报告编制基础不可接受； （二）注册会计师未能与管理层达成本准则第6条第一款第（二）项提及的一致意见
		第9条	注册会计师应当就审计业务约定条款与管理层或治理层（如适用）达成一致意见
		第14条	在缺乏合理理由的情况下，注册会计师不应同意变更审计业务约定条款
		第15条	在完成审计业务前，如果被审计单位或委托人要求将审计业务变更为保证程度较低的业务，注册会计师应当确定是否存在合理理由予以变更
		第16条	如果审计业务约定条款发生变更，注册会计师应当与管理层就新的业务约定条款达成一致意见，并记录于业务约定书或其他适当形式的书面协议中
		第17条	如果注册会计师不同意变更审计业务约定条款，而管理层又不允许继续执行原审计业务，注册会计师应当： （一）在适用的法律法规允许的情况下，解除审计业务约定； （二）确定是否有约定义务或其他义务向治理层、所有者或监管机构等报告该事项

流程	审计准则	条目	具体内容
承接业务	中国注册会计师审计准则第1111号——就审计业务约定条款达成一致意见	第19条	如果相关部门要求采用的财务报告编制基础不可接受，只有同时满足下列所有条件，注册会计师才能承接该项审计业务： （一）管理层同意在财务报表中作出额外披露，以避免财务报表产生误导； （二）在审计业务约定条款中明确，注册会计师按照《中国注册会计师审计准则第1503号——在审计报告中增加强调事项段和其他事项段》的规定，在审计报告中增加强调事项段，以提醒使用者关注额外披露；注册会计师在对财务报表发表的审计意见中不使用"财务报表在所有重大方面按照［适用的财务报告编制基础］编制，公允反映了……"等措辞，除非法律法规另有规定
		第20条	如果不具备本准则第19条规定的条件，但相关部门要求注册会计师承接该项审计业务，注册会计师应当： （一）评价财务报表误导的性质对审计报告的影响； （二）在审计业务约定条款中适当提及该事项
	中国注册会计师审计准则第1121号——对财务报表审计实施的质量控制	第27条	如果项目合伙人在接受审计业务后获知了某项信息，而该信息若在接受业务前获知，可能导致会计师事务所拒绝该项业务，项目合伙人应当立即将该信息告知会计师事务所，以使会计师事务所和项目合伙人能够采取必要的行动
	中国注册会计师审计准则第1141号——财务报表审计中与舞弊相关的责任	第42条	如果决定解除业务约定，注册会计师应当采取下列措施： （一）与适当层级的管理层和治理层讨论解除业务约定的决定和理由； （二）考虑是否存在职业责任或法律责任，需要向审计业务委托人或监管机构报告解除业务约定的决定和理由

2）客户委托变更环节

中国注册会计师审计准则中涉及客户委托变更环节的主要集中在第1153号——前任注册会计师和后任注册会计师的沟通准则。原准则中有关行为准则主要条款见表3-3：

表 3-3　　　　　前任注册会计师和后任注册会计师的沟通准则中
有关行为准则主要条款

流程	审计准则	条目	具体内容
客户委托变更	中国注册会计师审计准则第1153号——前任注册会计师和后任注册会计师的沟通	第6条	注册会计师的目标是： （一）在接受委托前，后任注册会计师与前任注册会计师就影响业务承接决策的事项进行必要沟通，以确定是否接受委托； （二）在接受委托后，后任注册会计师在必要时与前任注册会计师就对审计有重大影响的事项进行沟通，以获取必要的审计证据； （三）前任注册会计师在征得被审计单位书面同意后，对后任注册会计师提出的沟通要求予以必要的配合
		第10条	在征得被审计单位书面同意后，前任注册会计师应当根据所了解的事实，对后任注册会计师的合理询问及时作出充分答复。 如果受到被审计单位的限制或存在法律诉讼的顾虑，决定不向后任注册会计师作出充分答复，前任注册会计师应当向后任注册会计师表明其答复是有限的，并说明原因。 如果得到的答复是有限的，或未得到答复，后任注册会计师应当考虑是否接受委托
		第11条	接受委托后，如果需要查阅前任注册会计师的审计工作底稿，后任注册会计师应当征得被审计单位同意，并与前任注册会计师进行沟通
		第12条	在征得被审计单位同意后，前任注册会计师应当根据情况确定是否允许后任注册会计师查阅相关审计工作底稿以及查阅的内容

3）审计计划环节

中国注册会计师审计准则中涉及审计计划环节的条款主要集中在第1201号——计划审计工作准则。原准则中有关行为准则主要条款见表3-4：

表3-4   计划审计工作准则中有关行为准则主要条款

流程	审计准则	条目	具体内容
审计计划	中国注册会计师审计准则第1201号——计划审计工作	第4条	注册会计师的目标是，计划审计工作，以使审计工作以有效的方式得到执行
		第6条	注册会计师应当在本期审计业务开始时开展下列初步业务活动：（一）按照《中国注册会计师审计准则第1121号——对财务报表审计实施的质量控制》的规定，针对保持客户关系和具体审计业务，实施相应的质量控制程序；（二）按照《中国注册会计师审计准则第1121号——对财务报表审计实施的质量控制》的规定，评价遵守相关职业道德要求（包括独立性要求）的情况；（三）按照《中国注册会计师审计准则第1111号——就审计业务约定条款达成一致意见》的规定，就审计业务约定条款与被审计单位达成一致意见
		第7条	注册会计师应当制定总体审计策略，以确定审计工作的范围、时间安排和方向，并指导具体审计计划的制订
		第10条	在审计过程中，注册会计师应当在必要时对总体审计策略和具体审计计划作出更新和修改
		第11条	注册会计师应当制订计划，确定对项目组成员的指导、监督以及对其工作进行复核的性质、时间安排和范围

4）实施审计环节

中国注册会计师审计准则中涉及实施审计环节的主要是第1301号——审计证据准则和第1121号——对财务报表审计实施的质量控制准则。原准则中有关行为准则主要条款见表3-5。

5）形成工作底稿环节

中国注册会计师审计准则中涉及形成工作底稿环节的主要是第1121号——对财务报表审计实施的质量控制准则和第1131号——审计工作底稿准则。原准则中有关行为准则主要条款见表3-6：

表 3-5　　　　　　中国注册会计师审计准则中涉及实施审计环节的
准则中有关行为准则主要条款

流程	审计准则	条目	具体内容
实施审计	中国注册会计师审计准则第1301号	第10条	注册会计师应当根据具体情况设计和实施恰当的审计程序，以获取充分、适当的审计证据
		第11条	在设计和实施审计程序时，注册会计师应当考虑用作审计证据的信息的相关性和可靠性
		第13条	在使用被审计单位生成的信息时，注册会计师应当评价该信息对实现审计目的是否足够可靠，包括根据具体情况在必要时实施下列程序： （一）获取有关信息准确性和完整性的审计证据； （二）评价信息对实现审计目的是否足够准确和详细
		第14条	在设计控制测试和细节测试时，注册会计师应当确定选取测试项目的方法，以有效实现审计程序的目的。
		第15条	如果存在下列情形之一，注册会计师应当确定需要修改或追加哪些审计程序予以解决，并考虑存在的情形对审计其他方面的影响： （一）从某一来源获取的审计证据与从另一来源获取的不一致； （二）注册会计师对用作审计证据的信息的可靠性存有疑虑
	中国注册会计师审计准则第1121号——对财务报表审计实施的质量控制	第23条	在整个审计过程中，项目合伙人应当通过观察和必要的询问，对项目组成员违反相关职业道德要求的迹象保持警觉

表 3-6　　　中国注册会计师审计准则中涉及形成工作底稿环节的
准则中有关行为准则主要条款

流程	审计准则	条目	具体内容
形成工作底稿	中国注册会计师审计准则第1121号——对财务报表审计实施的质量控制	第39条	注册会计师应当就下列事项形成审计工作底稿： （一）识别出的与遵守相关职业道德要求有关的问题，以及这些问题是如何得到解决的； （二）针对适用于审计业务的独立性要求的遵守情况得出的结论，以及为支持该结论与会计师事务所进行的讨论； （三）得出的有关客户关系和审计业务的接受与保持的结论； （四）在审计过程中咨询的性质、范围和形成的结论
	中国注册会计师审计准则第1131号——审计工作底稿	第9条	注册会计师应当及时编制审计工作底稿
		第17条	注册会计师应当在审计报告日后及时将审计工作底稿归整为审计档案，并完成归整最终审计档案过程中的事务性工作

6）审计复核环节

中国注册会计师审计准则中涉及审计复核环节的条款主要是第1121号——对财务报表审计实施的质量控制准则。原准则中有关行为准则主要条款见表3-7：

表3-7　　　　中国注册会计师审计准则中涉及审计复核环节的
准则中有关行为准则主要条款

流程	审计准则	条目	具体内容
审计复核	中国注册会计师审计准则第1121号——对财务报表审计实施的质量控制	第30条	项目合伙人应当对项目组按照会计师事务所复核政策和程序实施的复核负责
		第31条	在审计报告日或审计报告日之前，项目合伙人应当通过复核审计工作底稿和与项目组讨论，确信已获取充分、适当的审计证据，支持得出的结论和拟出具的审计报告
		第35条	对于上市实体财务报表审计，项目质量控制复核人员在实施项目质量控制复核时，还应当考虑： （一）项目组就具体审计业务对会计师事务所独立性作出的评价； （二）项目组是否已就涉及意见分歧的事项，或者其他疑难问题或争议事项进行适当咨询，以及咨询得出的结论； （三）选取的用于复核的审计工作底稿，是否反映了项目组针对重大判断执行的工作，以及是否支持得出的结论

7）向委托人监督报告环节

中国注册会计师审计准则中涉及向委托人监督报告环节的主要有第1141号——财务报表审计中与舞弊相关的责任准则、第1142号——财务报表审计中对法律法规的考虑准则、第1151号——与治理层的沟通准则、第1152号——向治理层和管理层通报内部控制缺陷准则和第1211号——通过了解被审计单位及其环境识别和评估重大错报风险准则。原准则中有关行为准则主要条款见表3-8。

8）形成审计意见及出具审计报告环节

中国注册会计师审计准则中涉及形成审计意见及出具审计报告环节的主要是第1501号——对财务报表形成审计意见和出具审计报告准则。原准则中有关行为准则主要条款见表3-9：

表 3-8　　　　中国注册会计师审计准则中涉及向委托人监督报告环节的
准则中有关行为准则主要条款

流程	审计准则	条目	具体内容
向委托人或监管机构报告	中国注册会计师审计准则第1141号——财务报表审计中与舞弊相关的责任	第41条	如果由于舞弊或舞弊嫌疑导致出现错报，致使注册会计师遇到对其继续执行审计业务的能力产生怀疑的异常情形，注册会计师应当： （一）确定适用于具体情况的职业责任和法律责任，包括是否需要向审计业务委托人或监管机构报告； （二）在相关法律法规允许的情况下，考虑是否需要解除业务约定
		第46条	如果根据判断认为还存在与治理层职责相关的、涉及舞弊的其他事项，注册会计师应当就此与治理层沟通
		第47条	如果识别出舞弊或怀疑存在舞弊，注册会计师应当确定是否有责任向被审计单位以外的机构报告。 尽管注册会计师对客户信息负有的保密义务可能妨碍这种报告，但如果法律法规要求注册会计师履行报告责任，注册会计师应当遵守法律法规的规定
	中国注册会计师审计准则第1142号——财务报表审计中对法律法规的考虑	第28条	如果识别出或怀疑存在违反法律法规行为，注册会计师应当考虑是否有责任向被审计单位以外的相关机构或人员报告
	中国注册会计师审计准则第1151号——与治理层的沟通	第16条	注册会计师应当与治理层沟通计划的审计范围和时间安排的总体情况
		第17条	注册会计师应当与治理层沟通审计中发现的下列重大问题： （一）注册会计师对被审计单位会计实务（包括会计政策、会计估计和财务报表披露）重大方面的质量的看法。在适当的情况下，注册会计师应当向治理层解释为何某项在适用的财务报告编制基础下可以接受的重大会计实务，并不一定最适合被审计单位的具体情况。 （二）审计工作中遇到的重大困难。 （三）已与管理层讨论或需要书面沟通的审计中出现的重大事项，以及注册会计师要求提供的书面声明，除非治理层全部成员参与管理被审计单位。 （四）审计中出现的、根据职业判断认为对监督财务报告过程重大的其他事项

续表

流程	审计准则	条目	具体内容
向委托人或监管机构报告	中国注册会计师审计准则第1151号——与治理层的沟通	第18条	如果被审计单位是上市实体，注册会计师还应当与治理层沟通下列内容： （一）就审计项目组成员、会计师事务所其他相关人员以及会计师事务所和网络事务所按照相关职业道德要求保持了独立性作出声明。 （二）根据职业判断，注册会计师认为会计师事务所、网络事务所与被审计单位之间存在的可能影响独立性的所有关系和其他事项，包括会计师事务所和网络事务所在财务报表涵盖期间为被审计单位和受被审计单位控制的组成部分提供审计、非审计服务的收费总额。这些收费应当分配到适当的业务类型中，以帮助治理层评估这些服务对注册会计师独立性的影响。 （三）为消除对独立性的不利影响或将其降至可接受的水平，已经采取的相关防范措施
		第22条	注册会计师应当及时与治理层沟通
	中国注册会计师审计准则第1152号——向治理层和管理层通报内部控制缺陷	第7条	注册会计师的目标是，向治理层和管理层恰当通报注册会计师在审计过程中识别出的，根据职业判断认为足够重要从而值得治理层和管理层各自关注的内部控制缺陷
		第8条	注册会计师应当根据已执行的审计工作，确定是否识别出内部控制缺陷
		第9条	如果识别出内部控制缺陷，注册会计师应当根据已执行的审计工作，确定该缺陷单独或连同其他缺陷是否构成值得关注的内部控制缺陷
	中国注册会计师审计准则第1211号——通过了解被审计单位及其环境识别和评估重大错报风险	第22条	注册会计师应当了解被审计单位如何沟通与财务报告相关的人员的角色和职责以及与财务报告相关的重大事项。这种沟通包括： （一）管理层与治理层之间的沟通； （二）外部沟通，如与监管机构的沟通

3.3.3 注册会计师职业道德规范规则体系

在上述工作的基础之上，我们对注册会计师工作流程进行了梳理，并将有关规则根据工作环节进行了归纳分析，然后，作进一步的整合梳理，并将规则按其

表3-9　　　　　　　　**对财务报表形成审计意见和出具审计报告准则中**
有关行为准则主要条款

流程	审计准则	条目	具体内容
形成审计意见和出具审计报告	中国注册会计师审计准则第1501号——对财务报表形成审计意见和出具审计报告	第12条	注册会计师的目标是： （一）在评价根据审计证据得出的结论的基础上，对财务报表形成审计意见； （二）通过书面报告的形式清楚地表达审计意见，说明其形成基础
		第13条	注册会计师应当就财务报表是否在所有重大方面按照适用的财务报告编制基础编制并实现公允反映形成审计意见
		第14条	为了形成审计意见，针对财务报表整体是否不存在由于舞弊或错误导致的重大错报，注册会计师应当得出结论，确定是否已就此获取合理保证。在得出结论时，注册会计师应当考虑下列方面： （一）按照《中国注册会计师审计准则第1231号——针对评估的重大错报风险采取的应对措施》的规定，是否已获取充分、适当的审计证据； （二）按照《中国注册会计师审计准则第1251号——评价审计过程中识别出的错报》的规定，未更正错报单独或汇总起来是否构成重大错报； （三）本准则第15条至第18条要求作出的评价

内在逻辑与会计职业道德体系的基本原则相对应，最终形成中国注册会计师职业道德规范的规则体系。

最终形成的注册会计师职业道德的具体规则一共包括13个工作环节，分别为专业服务的营销、接受客户关系、承接业务、客户委托变更、服务定价、客户资产托管、审计计划、实施审计、形成工作底稿、审计复核、向委托人或监管机构报告、对财务报表形成审计意见和出具审计报告、礼物与款待。其中，承接业务、客户委托变更、审计计划、实施审计、形成工作底稿、审计复核、向委托人监督报告、对财务报表形成审计意见和出具审计报告这些环节充分体现了中国注册会计师审计准则的要求，形成了对国际规则的补充，补充的具体规则见表3-10：

表3-10 中国注册会计师职业道德规范的规则体系对国际规则的补充

工作环节	中国特有规则	对应原则
承接业务	（1）为了确定审计的前提条件是否存在，注册会计师应当：①确定管理层在编制财务报表时采用的财务报告编制基础是否是可接受的；②就管理层认可并理解其责任与管理层达成一致意见	专业胜任
	（2）若管理层的财报编制基础不可接受，只有在财务报表进行了额外披露且在审计意见中增加了恰当强调事项段时才能承接该业务。如不符合上述规定但相关部门要求承接该项业务，应评价财务报表误导的性质对审计报告的影响；在审计业务约定条款中适当提及该事项	专业胜任
	（3）在完成审计业务前，如果被审计单位或委托人要求，应当确定是否存在合理理由将审计业务变更为保证程度较低的业务	专业胜任
	（4）如果审计业务约定条款发生变更，应当与管理层就新的业务约定条款达成一致意见并进行适当的书面记录；如果注册会计师不同意变更审计业务约定条款，而管理层又不允许继续执行原审计业务，应当在法律法规允许的情况下解除审计约定并确定是否有约定义务或其他义务向治理层、所有者或监管机构等报告该事项	专业胜任
	（5）如果决定解除业务约定，应当采取下列措施：①与相关管理层和治理层讨论解除业务约定的决定和理由；②考虑是否存在职业责任或法律责任，包括需要向审计业务委托人或监管机构报告解除业务约定的决定和理由	专业胜任
	（6）下列情况下不应承接拟议审计业务，法律法规另有规定除外：①注册会计师确定被审计单位采用的财务报表编制基础不可接受；②注册会计师未能与管理层达成一致意见；③管理层或治理层在审计业务约定条款中对审计工作的范围施加限制以致无法对财务报表发表意见	专业胜任
客户委托变更	（1）前任会计师的职责： ①前任注册会计师应当对沟通过程中获知的信息保密。 ②在征得被审计单位书面同意后，前任注册会计师应当根据所了解的事实，对后任注册会计师的合理询问及时作出充分答复；如果受到被审计单位的限制或存在法律诉讼的顾虑，决定不向后任注册会计师作出充分答复，前任注册会计师应当向后任注册会计师表明其答复是有限的，并说明原因。 ③在征得被审计单位同意后，前任注册会计师应当根据情况确定是否允许后任注册会计师查阅相关审计工作底稿以及查阅的内容	专业胜任、保密

续表

工作环节	中国特有规则	对应原则
客户委托变更	（2）后任会计师的职责： ①在接受委托前，后任注册会计师应当与前任注册会计师进行必要沟通，并对沟通结果进行评价，以确定是否接受委托。 ②后任注册会计师应当提请被审计单位以书面方式同意前任注册会计师对其询问做出充分答复。如果被审计单位不同意前任注册会计师作出答复，或限制答复的范围，后任注册会计师应当向被审计单位询问原因，并考虑是否接受委托	专业胜任
	（3）后任注册会计师向前任注册会计师询问的内容应当合理、具体	专业胜任
	（4）接受委托后，如果需要查阅前任注册会计师的审计工作底稿，后任注册会计师应当征得被审计单位同意，并与前任注册会计师进行沟通	专业胜任
	（5）后任注册会计师应当对沟通过程中获知的信息保密	专业胜任、保密
	（6）后任注册会计师应当将沟通的情况记录于审计工作底稿	专业胜任
审计计划	（1）注册会计师应该进行计划审计工作，以使审计工作以有效的方式得到执行。注册会计师应当制定总体审计策略，以确定审计工作的范围、时间安排和方向，并制订相应计划以指导、监督、复核项目组成员工作	专业胜任
	（2）注册会计师应当制订具体审计计划。具体审计计划应当包括下列内容：计划实施的风险评估程序的性质、时间安排和范围；在认定层次计划实施的进一步审计程序的性质、时间安排和范围；根据审计准则的规定，计划应当实施的其他审计程序	专业胜任
	（3）在审计过程中，注册会计师应当在必要时对总体审计策略和具体审计计划作出更新和修改	专业胜任
实施审计	（1）在设计和实施审计程序时，注册会计师应当考虑用作审计证据的信息的相关性和可靠性；在使用被审计单位生成的信息时，注册会计师应当评价该信息对实现审计目的是否足够可靠，包括根据具体情况在必要时实施下列程序： ①获取有关信息准确性和完整性的审计证据； ②评价信息对实现审计目的是否足够准确和详细	专业胜任、客观
	（2）在设计控制测试和细节测试时，注册会计师应当确定选取测试项目的方法，以有效实现审计程序的目的。如果存在下列情形之一，注册会计师应当确定需要修改或追加哪些审计程序予以解决，并考虑存在的情形对审计其他方面的影响： ①从某一来源获取的审计证据与从另一来源获取的不一致； ②注册会计师对用作审计证据的信息的可靠性存有疑虑	专业胜任、客观

工作环节	中国特有规则	对应原则
形成工作底稿	（1）注册会计师应该保持专业胜任能力，并且保持谨慎的态度编制工作底稿，以便提供充分、适当的记录，作为出具审计报告的基础，并作为证明自己已按照审计准则和相关法律法规的规定计划和执行了审计工作的证据	专业胜任
	（2）注册会计师应当就下列事项形成审计工作底稿： ①识别出的与遵守相关职业道德要求有关的问题及解决方法； ②针对遵守审计业务的独立性要求情况得出的结论，以及支持该独立性的讨论； ③得出的有关客户关系和审计业务的接受与保持的结论； ④在审计过程中咨询的性质、范围和形成的结论	专业胜任
	（3）注册会计师应当及时编制审计工作底稿	专业胜任
	（4）注册会计师应当在审计报告日后及时将审计工作底稿归整为审计档案，并完成归整最终审计档案过程中的事务性工作	专业胜任
审计复核	（1）注册会计师应当对会计师事务所分派的每项审计业务的总体质量负责，按照会计师事务所复核政策和程序实施复核，以合理保证事务所及其人员遵守职业准则和适用的法律法规的规定	勤勉尽责、客观、独立
	（2）如果项目合伙人在接受审计业务后获知了某项信息，而该信息可能导致业务承接的变更，项目合伙人应当立即将该信息告知会计师事务所，以使会计师事务所和项目合伙人能够采取必要的行动	勤勉尽责、客观、独立
	（3）在形成审计结论时，项目合伙人应当采取适当的行动，以消除对独立性的不利影响或将其降至可接受的水平，或在必要时解除审计业务约定（除非法律法规禁止）；对未能解决的事项，项目合伙人应当立即向会计师事务所报告，以便采取适当的行动	独立
	（4）对于上市实体财务报表审计，项目质量控制复核人员在实施项目质量控制复核时，还应当考虑： ①项目组就具体审计业务对会计师事务所独立性作出的评价； ②项目组是否已就涉及意见分歧的事项，或者其他疑难问题或争议事项进行适当咨询，以及咨询得出的结论； ③选取的用于复核的审计工作底稿，是否反映了项目组针对重大判断执行的工作，以及是否支持得出的结论	勤勉尽职、独立

工作环节	中国特有规则	对应原则
向委托人监督报告	（1）在针对评估的由于舞弊导致的财务报表层次重大错报风险确定总体应对措施时，注册会计师应当： ①在分派和督导项目组成员时，考虑承担重要业务职责的项目组成员所具备的知识、技能和能力，并考虑由于舞弊导致的重大错报风险的评估结果； ②评价被审计单位对会计政策的选择和运用，是否可能表明管理层通过操纵利润对财务信息作出虚假报告； ③在选择审计程序的性质、时间安排和范围时，减少审计程序的常规性。如果识别出舞弊或舞弊嫌疑，注册会计师应当确定是否有责任向被审计单位以外的机构报告	勤勉尽责、遵纪守法、维护职业声誉
	（2）注册会计师应当遵守法律法规的规定履行报告责任，即使注册会计师对客户信息负有的保密义务可能妨碍这种报告	遵纪守法
	（3）如果由于舞弊或舞弊嫌疑导致出现错报，致使注册会计师的执业能力受到怀疑，注册会计师应当： ①确定适用于具体情况的职业责任和法律责任，包括是否需要向审计业务委托人或监管机构报告； ②在相关法律法规允许的情况下，考虑是否需要解除业务约定	勤勉尽责、遵纪守法、维护职业声誉
形成审计意见及出具审计报告	（1）注册会计师应当就财务报表是否在所有重大方面按照适用的财务报告编制基础编制并实现公允反映形成审计意见	客观
	（2）为了形成审计意见，针对财务报表整体是否不存在由于舞弊或错误导致的重大错报，注册会计师应当得出结论，确定是否已就此获取合理保证。在得出结论时，注册会计师应当考虑下列方面： ①是否已获取形成审计意见必需的充分、适当的审计证据； ②在财务报表中未更正错报单独或汇总起来是否构成重大错报； ③本准则相关规定要求作出的评价	客观、专业胜任

3.4　企业会计人员职业道德规范的中国规则

3.4.1　区分会计法规中的技术标准与行为准则

《会计法》共分为七章，主要从会计核算，公司、企业会计核算的特别规定，会计监督，会计机构和会计人员，法律责任几方面对企业会计从业人员进行了详细的规范。《会计法》不仅对会计人员也对会计机构进行了规范，不仅对会计人员的行为进行了规范，也对会计工作的质量进行了规定。在制定企业会计职业道德规范的规则体系过程中，我们的侧重点在于企业会计从业人员的行为，据此我们将会计法规进行区分梳理，共得到可吸收借鉴的行为准则共14条。

具体情况见表3-11：

表3-11 《会计法》中值得借鉴的行为准则

序号	章节	名称	数目			
			总数	定义性要求	技术标准	行为准则
1	第一章	总则	8	2	4	2
2	第二章	会计核算	15	3	6	6
3	第三章	公司、企业会计核算的特别规定	3	0	2	1
4	第四章	会计监督	8	1	4	3
5	第五章	会计机构和会计人员	5	0	4	4
6	第六章	法律责任	8	1	6	1
总计						14

3.4.2 行为准则对应工作环节梳理

为使企业会计人员职业道德的规则体系更加清晰、明确，具有更强的可操作性，我们首先根据企业会计实务工作中的各项步骤梳理企业会计工作流程，在此基础上，以实务工作流程为依托，针对各工作环节中可能遇到的问题、出现的状况进行有的放矢的规范、引导。

在对企业会计工作进行调研的基础上，我们按照业务发生的先后顺序梳理出公司会计工作的工作流程，并将贯穿相关会计业务始终、对相关会计业务起支撑作用的工作环节作为支持系统进行了梳理，最终形成的企业会计工作流程体系如图3-3所示。

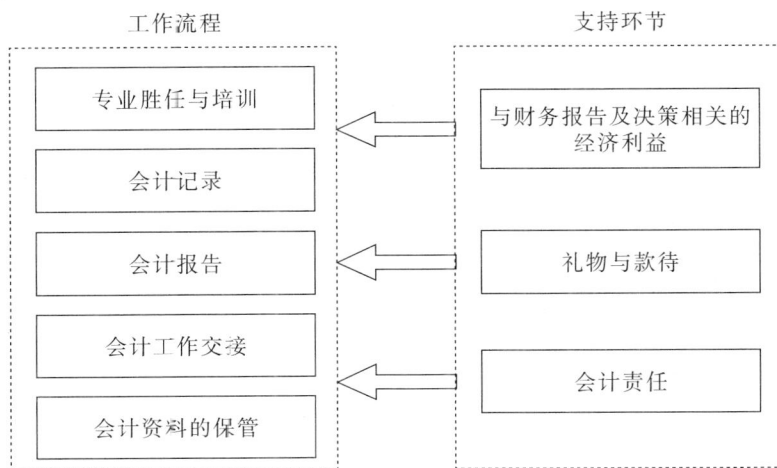

图3-3 企业会计工作流程体系

在上述工作的基础上，我们进一步将《会计法》中相关行为准则与企业会计人员的实务工作流程相对应、相结合，以工作流程为依托对《会计法》中有关行为准则进行了分类整理。下面我们就以《会计法》涉及的工作环节为标准对提炼出的行为准则进行进一步整理概括。

1）专业胜任与培训

《会计法》中涉及专业胜任与培训的内容主要集中在第五章——会计机构和会计人员上，其余条款中几乎没有涉及，现将《会计法》中涉及专业胜任与培训的内容摘录出来。准则中有关专业胜任与培训的主要条款见表3-12：

表3-12　　　　　　　《会计法》中涉及专业胜任与培训的条款

流程	审计准则	条目	具体内容
专业胜任与培训	《会计法》第五章——会计机构和会计人员	第38条	担任单位会计机构负责人（会计主管人员）的，应当具备会计师以上专业技术职务资格或者从事会计工作三年以上经历
		第39条	会计人员应当遵守职业道德，提高业务素质。对会计人员的教育和培训工作应当加强

2）会计记录

《会计法》中涉及会计记录的内容比较多，在第一章——总则、第二章——会计核算均有相关内容涉及。其中，第二章——会计核算就会计核算问题进行了非常详细的规定，涉及会计记录环节的内容比较多。《会计法》中有关会计记录的主要条款内容见表3-13。

3）会计报告

《会计法》中与会计报告相关的内容主要集中在第二章——会计核算中，在第六章——法律责任中有少部分内容涉及。现将其中的内容摘录出来。《会计法》中有关会计报告的行为准则内容见表3-14。

4）会计工作交接

《会计法》中对于该部分内容涉及得比较少，只是在第五章——会计机构和会计人员部分提及了一条规定。鉴于会计工作交接是会计工作中比较重要的一个环节，因此我们在《会计基础工作规范》中查找了相应内容作为补充。《会计基础工作规范》中与会计工作交接的相关内容集中在第二章第三节——会计工作交接中。现将《会计法》中涉及会计工作交接的内容摘录出来，具体见表3-15。

表3-13 《会计法》中涉及会计记录的条款

流程	审计准则	条目	具体内容
会计记录	《会计法》第一章——总则	第3条	各单位必须依法设置会计账簿，并保证其真实、完整
		第4条	单位负责人对本单位的会计工作和会计资料的真实性、完整性负责
		第5条	会计机构、会计人员依照本法规定进行会计核算，实行会计监督。 任何单位或者个人不得以任何方式授意、指使、强令会计机构、会计人员伪造、变造会计凭证、会计账簿和其他会计资料，提供虚假财务会计报告。 任何单位或者个人不得对依法履行职责、抵制违反本法规定行为的会计人员实行打击报复
	《会计法》第二章——会计核算	第9条	各单位必须根据实际发生的经济业务事项进行会计核算，填制会计凭证，登记会计账簿，编制财务会计报告。 任何单位不得以虚假的经济业务事项或者资料进行会计核算
		第13条	会计凭证、会计账簿、财务会计报告和其他会计资料，必须符合国家统一的会计制度的规定。 使用电子计算机进行会计核算的，其软件及其生成的会计凭证、会计账簿、财务会计报告和其他会计资料，也必须符合国家统一的会计制度的规定。 任何单位和个人不得伪造、变造会计凭证、会计账簿及其他会计资料，不得提供虚假的财务会计报告
		第14条	会计机构、会计人员必须按照国家统一的会计制度的规定对原始凭证进行审核，对不真实、不合法的原始凭证有权不予接受，并向单位负责人报告；对记载不准确、不完整的原始凭证予以退回，并要求按照国家统一的会计制度的规定更正、补充。 记账凭证应当根据经过审核的原始凭证及有关资料编制
		第15条	会计账簿登记，必须以经过审核的会计凭证为依据，并符合有关法律、行政法规和国家统一的会计制度的规定
		第16条	各单位发生的各项经济业务事项应当在依法设置的会计账簿上统一登记、核算，不得违反本法和国家统一的会计制度的规定私设会计账簿登记、核算
		第17条	各单位应当定期将会计账簿记录与实物、款项及有关资料相互核对，保证会计账簿记录与实物及款项的实有数额相符、会计账簿记录与会计凭证的有关内容相符、会计账簿之间相对应的记录相符、会计账簿记录与会计报表的有关内容相符

表 3-14 《会计法》中涉及会计报告的条款

流程	审计准则	条目	具体内容
会计报告	《会计法》第二章——会计核算	第9条	各单位必须根据实际发生的经济业务事项进行会计核算，填制会计凭证，登记会计账簿，编制财务会计报告。 任何单位不得以虚假的经济业务事项或者资料进行会计核算
		第13条	会计凭证、会计账簿、财务会计报告和其他会计资料，必须符合国家统一的会计制度的规定。 使用电子计算机进行会计核算的，其软件及其生成的会计凭证、会计账簿、财务会计报告和其他会计资料，也必须符合国家统一的会计制度的规定。 任何单位和个人不得伪造、变造会计凭证、会计账簿及其他会计资料，不得提供虚假的财务会计报告
		第18条	各单位采用的会计处理方法，前后各期应当一致，不得随意变更；确有必要变更的，应当按照国家统一的会计制度的规定变更，并将变更的原因、情况及影响在财务会计报告中说明
		第19条	单位提供的担保、未决诉讼等或有事项，应当按照国家统一的会计制度的规定，在财务会计报告中予以说明
		第20条	财务会计报告应当根据经过审核的会计账簿记录和有关资料编制，并符合本法和国家统一的会计制度关于财务会计报告的编制要求、提供对象和提供期限的规定；其他法律、行政法规另有规定的，从其规定
	《会计法》第六章——法律责任	第42条	（一）不依法设置会计账簿的； （二）私设会计账簿的； （三）未按照规定填制、取得原始凭证或者填制、取得的原始凭证不符合规定的； （四）以未经审核的会计凭证为依据登记会计账簿或者登记会计账簿不符合规定的； （五）随意变更会计处理方法的； （六）向不同的会计资料使用者提供的财务会计报告编制依据不一致的； （七）未按照规定使用会计记录文字或者记账本位币的； （八）未按照规定保管会计资料，致使会计资料毁损、灭失的； （九）未按照规定建立并实施单位内部会计监督制度或者拒绝依法实施的监督或者不如实提供有关会计资料及有关情况的； （十）任用会计人员不符合本法规定的。 有前款所列行为之一，构成犯罪的，依法追究刑事责任

表3-15　　　　　　　　《会计法》中涉及会计工作交接的条款

流程	审计准则	条目	具体内容
会计工作交接	《会计法》第五章——会计机构和会计人员	第41条	会计人员调动工作或者离职，必须与接管人员办清交接手续。 一般会计人员办理交接手续，由会计机构负责人（会计主管人员）监交；会计机构负责人（会计主管人员）办理交接手续，由单位负责人监交，必要时主管单位可以派人会同监交
	《会计基础工作规范》第二章——会计机构和会计工作人员——会计工作交接	第25条	会计人员工作调动或者因故离职，必须将本人所经管的会计工作全部移交给接替人员。没有办清交接手续的，不得调动或者离职
		第26条	接替人员应当认真接管移交工作，并继续办理移交的未了事项
		第28条	会计人员办理交接手续，必须有监交人负责监交。一般会计人员交接，由单位会计机构负责人、会计主管人员负责监交；会计机构负责人、会计主管人员交接，由单位领导人负责监交，必要时可由上级主管部门派人会同监交
		第30条	会计机构负责人、会计主管人员移交时，还必须将全部财务会计工作、重大财务收支和会计人员的情况等，向接替人员详细介绍。对需要移交的遗留问题，应当写出书面材料
		第32条	接替人员应当继续使用移交的会计账簿，不得自行另立新账，以保持会计记录的连续性
		第35条	移交人员对所移交的会计凭证、会计账簿、会计报表和其他有关资料的合法性、真实性承担法律责任

5）会计资料的保管

会计资料保管的相关内容主要集中在《会计法》第六章——法律责任中，在第二章——会计核算中有简略提到。现将其中的内容摘录出来。《会计法》中有关会计资料的保管的行为准则内容见表3-16。

6）会计责任

《会计法》中与会计责任柜关的内容主要集中在第四章——会计监督中，在第一章——总则和第六章——法律责任中有少部分内容涉及。现将其中的内容摘录出来。《会计法》中有关会计责任的行为准则内容见表3-17：

表3-16 　　　　　　　　　　《会计法》中涉及会计资料的保管的条款

流程	审计准则	条目	具体内容
会计资料的保管	《会计法》第二章——会计核算	第23条	各单位对会计凭证、会计账簿、财务会计报告和其他会计资料应当建立档案,妥善保管。会计档案的保管期限和销毁办法,由国务院财政部门会同有关部门制定
	《会计法》第六章——法律责任	第42条	违反本法规定,有下列行为之一的,由县级以上人民政府财政部门责令限期改正,可以对单位并处三千元以上五万元以下的罚款;对其直接负责的主管人员和其他直接责任人员,可以处二千元以上二万元以下的罚款;属于国家工作人员的,还应当由其所在单位或者有关单位依法给予行政处分:……(八)未按照规定保管会计资料,致使会计资料毁损、灭失的
		第44条	隐匿或者故意销毁依法应当保存的会计凭证、会计账簿、财务会计报告,构成犯罪的,依法追究刑事责任。 有前款行为,尚不构成犯罪的,由县级以上人民政府财政部门予以通报,可以对单位并处五千元以上十万元以下的罚款;对其直接负责的主管人员和其他直接责任人员,可以处三千元以上五万元以下的罚款;属于国家工作人员的,还应当由其所在单位或者有关单位依法给予撤职直至开除的行政处分;其中的会计人员,五年内不得从事会计工作
		第45条	授意、指使、强令会计机构、会计人员及其他人员伪造、变造会计凭证、会计账簿,编制虚假财务会计报告或者隐匿、故意销毁依法应当保存的会计凭证、会计账簿、财务会计报告,构成犯罪的,依法追究刑事责任;尚不构成犯罪的,可以处五千元以上五万元以下的罚款;属于国家工作人员的,还应当由其所在单位或者有关单位依法给予降级、撤职、开除的行政处分
	《会计基础工作规范》第三章——会计核算一般要求	第45条	各单位的会计凭证、会计账簿、会计报表和其他会计资料,应当建立档案,妥善保管。会计档案建档要求、保管期限、销毁办法等依据《会计档案管理办法》的规定进行。 实行会计电算化的单位,有关电子数据、会计软件资料等应当作为会计档案进行管理
		第55条	会计机构、会计人员要妥善保管会计凭证

表3-17　　　　　　　　　《会计法》中涉及会计责任的条款

流程	审计准则	条目	具体内容
会计责任	《会计法》第二章——会计核算	第20条	财务会计报告应当根据经过审核的会计账簿记录和有关资料编制，并符合本法和国家统一的会计制度关于财务会计报告的编制要求、提供对象和提供期限的规定；其他法律、行政法规另有规定的，从其规定
		第21条	财务会计报告应当由单位负责人和主管会计工作的负责人、会计机构负责人（会计主管人员）签名并盖章；设置总会计师的单位，还须由总会计师签名并盖章。 单位负责人应当保证财务会计报告真实、完整
	《会计法》第四章——会计监督	第28条	单位负责人应当保证会计机构、会计人员依法履行职责，不得授意、指使、强令会计机构、会计人员违法办理会计事项。会计机构、会计人员对违反本法和国家统一的会计制度规定的会计事项，有权拒绝办理或者按照职权予以纠正
		第29条	会计机构、会计人员发现会计账簿记录与实物、款项及有关资料不相符的，按照国家统一的会计制度的规定有权自行处理的，应当及时处理；无权处理的，应当立即向单位负责人报告，请求查明原因，作出处理
		第35条	各单位必须依照有关法律、行政法规的规定，接受有关监督检查部门依法实施的监督检查，如实提供会计凭证、会计账簿、财务会计报告和其他会计资料以及有关情况，不得拒绝、隐匿、谎报
	《会计法》第六章——法律责任	第42条	（一）不依法设置会计账簿的； （二）私设会计账簿的； （三）未按照规定填制、取得原始凭证或者填制、取得的原始凭证不符合规定的； （四）以未经审核的会计凭证为依据登记会计账簿或者登记会计账簿不符合规定的； （五）随意变更会计处理方法的； （六）向不同的会计资料使用者提供的财务会计报告编制依据不一致的； （七）未按照规定使用会计记录文字或者记账本位币的； （八）未按照规定保管会计资料，致使会计资料毁损、灭失的； （九）未按照规定建立并实施单位内部会计监督制度或者拒绝依法实施的监督或者不如实提供有关会计资料及有关情况的； （十）任用会计人员不符合本法规定的。 有前款所列行为之一，构成犯罪的，依法追究刑事责任

3.4.3 企业会计人员职业道德规范规则体系

最终形成的企业会计人员职业道德的具体规则一共包括8个工作环节，分别为专业胜任与培训、会计记录、会计报告、会计工作交接、会计资料的保管、与财务报告及决策相关的经济利益、礼物与款待、会计责任。其中，专业胜任与培训、会计记录、会计报告、会计工作交接、会计资料的保管、会计责任这些环节充分体现了中国注册会计师审计准则的要求，作为对国际规则的补充，补充的具体规则见表3-18：

表3-18　　　　　　　**企业会计人员职业道德规范规则体系**

工作环节	中国特有规则	对应原则
专业胜任与培训	会计人员应当提高业务素质。对会计人员的教育和培训工作应当加强	专业胜任、勤勉尽责
会计记录	（1）会计资料应当根据实际发生的经济业务及事项进行编制。任何单位不得以虚假的经济业务事项或者资料进行会计核算，会计人员必须加强监管，对记载不准确、不完整的原始凭证予以退回，并要求按照国家统一的会计制度的规定更正、补充	客观、遵纪守法
	（2）会计凭证、会计账簿和其他会计资料，以及使用电子计算机进行会计核算的软件及其生成的会计资料，都必须符合国家统一的会计制度的规定	遵纪守法
	（3）会计账簿登记，必须以经过审核的会计凭证为依据，并符合有关法律、行政法规和国家统一的会计制度的规定。各单位应当在依法设置的会计账簿上，对发生的各项经济业务事项进行统一登记、核算，不得违反规定私设会计账簿登记、核算	客观、遵纪守法
	（4）会计处理方法及会计估计应当谨慎变更，确有需要变更的应当遵循国家统一的会计制度，并就变更进行详细说明	遵纪守法
	（5）各单位对会计凭证、会计账簿和其他会计资料应当建立档案，妥善保管。会计档案的保管期限和销毁办法，由国务院财政部门会同有关部门制定	遵纪守法
	（6）禁止行为： ①授意、指使、强令会计机构、会计人员及其他人员伪造、变造会计凭证、会计账簿，编制虚假财务会计报告或者隐匿、故意销毁依法应当保存的会计凭证、会计账簿、财务会计报告； ②不依法设置会计账簿或私设会计账簿的； ③随意变更会计处理方法的； ④向不同的会计资料使用者提供的财务会计报告编制依据不一致的； ⑤未按照规定保管会计资料，致使会计资料毁损、灭失	客观、遵纪守法

续表

工作环节	中国特有规则	对应原则
会计记录	（7）会计人员必须依照国家统一的会计制度进行会计核算，填制会计凭证、登记会计账簿和编制财务会计报告时必须符合国家统一的会计制度的规定。使用电子计算机进行会计核算的，其软件及其生成的会计凭证、会计账簿、财务会计报告和其他会计资料，也必须符合国家统一的会计制度的规定	客观、遵纪守法、专业胜任
	（8）会计人员必须根据实际发生的经济业务进行核算，在编制记账凭证前应该核实经济业务是否真实，不得以虚假的经济业务事项或资料进行会计核算	客观、遵纪守法
	（9）会计人员应该保障原始凭证的真实性与合法性，要对原始凭证进行审核，对不真实、不合法的原始凭证有权不予接受，并向单位负责人报告；对记载不准确、不完整的原始凭证予以退回，并要求按照国家统一的会计制度的规定更正、补充	客观、遵纪守法、专业胜任
	（10）会计人员应该根据审核后的原始凭证及有关资料编制记账凭证，并据此登记会计账簿	客观
	（11）会计人员要根据审核后的会计账簿记录和有关资料编制会计报表，保证会计报表的真实可靠，并符合有关法律、行政法规和国家统一的会计制度的规定	客观、遵纪守法
	（12）应当定期将会计账簿记录与实物、款项及有关资料相互核对，保证会计账簿记录与实物及款项的实有数额相符、会计账簿记录与会计凭证的有关内容相符、会计账簿之间相对应的记录相符、会计账簿记录与会计报表的有关内容相符	客观、遵纪守法、专业胜任
会计报告	（1）所有会计资料，包括财务会计报告和其他会计资料，以及使用电子计算机进行会计核算的软件及其生成的会计资料，都必须符合国家统一的会计制度的规定	遵纪守法
	（2）各单位对财务会计报告应当建立档案，妥善保管。会计档案的保管期限和销毁办法，由国务院财政部门会同有关部门制定	遵纪守法
	（3）禁止行为： ①授意、指使、强令会计机构、会计人员及其他人员伪造、变造会计凭证、会计账簿，编制虚假财务会计报告或者隐匿、故意销毁依法应当保存的会计凭证、会计账簿、财务会计报告；②向不同的会计资料使用者提供的财务会计报告编制依据不一致的；③未按照规定保管会计资料，致使会计资料毁损、灭失的	客观、遵纪守法

续表

工作环节	中国特有规则	对应原则
会计报告	（4）会计人员编制财务会计报告时必须符合国家统一的会计制度的规定。使用电子计算机进行会计核算的，其软件及其生成的会计凭证、会计账簿、财务会计报告和其他会计资料，也必须符合国家统一的会计制度的规定	客观、遵纪守法、专业胜任
	（5）财务会计报告应当根据经过审核的会计账簿记录和有关资料编制，并符合本法和国家统一的会计制度关于财务会计报告的编制要求、提供对象和提供期限的规定；其他法律、行政法规另有规定的，从其规定	客观、遵纪守法
	（6）应当定期将会计账簿记录与实物、款项及有关资料相互核对，保证会计账簿记录与实物及款项的实有数额相符、会计账簿记录与会计凭证的有关内容相符、会计账簿之间相对应的记录相符、会计账簿记录与会计报表的有关内容相符	遵纪守法
	（7）会计人员应该按照国家统一的会计制度的规定，在财务会计报告中披露或有事项，包括未决诉讼或未决仲裁、债务担保、产品质量保证、亏损合同、重组义务、承诺等	客观、专业胜任
	（8）各单位采用的会计处理方法，前后各期应当一致，不得随意变更；确有必要变更的，会计人员应当按照国家统一的会计制度的规定变更，并将变更的原因、情况及影响在财务会计报告中说明	客观、专业胜任
会计工作交接	（1）会计人员工作调动或者因故离职，必须将本人所经管的会计工作全部移交给接替人员。没有办清交接手续的，不得调动或者离职	客观、专业胜任
	（2）一般会计人员办理交接手续，由会计机构负责人（会计主管人员）监交；会计机构负责人（会计主管人员）办理交接手续，由单位负责人监交，必要时主管单位可以派人会同监交	客观、专业胜任、保密
	（3）移交人员对所移交的会计凭证、会计账簿、会计报表和其他有关资料的合法性、真实性承担法律责任	遵纪守法
	（4）接替人员应当认真接管移交工作，并继续办理移交的未了事项。接替人员应当继续使用移交的会计账簿，不得自行另立新账，以保持会计记录的连续性	客观、专业胜任
	（5）会计机构负责人、会计主管人员移交时，还必须将全部财务会计工作、重大财务收支和会计人员的情况等，向接替人员详细介绍。对需要移交的遗留问题，应当写出书面材料	客观、保密、专业胜任

续表

工作环节	中国特有规则	对应原则
会计资料的保管	（1）各单位对会计凭证、会计账簿、财务会计报告和其他会计资料应当建立档案，妥善保管。会计档案的保管期限和销毁办法，由国务院财政部门会同有关部门制定	客观、遵纪守法
	（2）违反本法规定，有下列行为之一的，由县级以上人民政府财政部门责令限期改正，可以对单位并处三千元以上五万元以下的罚款；对其直接负责的主管人员和其他直接责任人员，可以处二千元以上二万元以下的罚款；属于国家工作人员的，还应当由其所在单位或者有关单位依法给予行政处分：未按照规定保管会计资料，致使会计资料毁损、灭失的	客观、遵纪守法
	（3）隐匿或者故意销毁依法应当保存的会计凭证、会计账簿、财务会计报告，构成犯罪的，依法追究刑事责任	客观、遵纪守法
	（4）授意、指使、强令会计机构、会计人员及其他人员伪造、变造会计凭证、会计账簿，编制虚假财务会计报告或者隐匿、故意销毁依法应当保存的会计凭证、会计账簿、财务会计报告，构成犯罪的，依法追究刑事责任；尚不构成犯罪的，可以处五千元以上五万元以下的罚款；属于国家工作人员的，还应当由其所在单位或者有关单位依法给予降级、撤职、开除的行政处分	客观、遵纪守法
会计责任	（1）会计人员应当对自己的工作负责	勤勉尽责
	（2）各单位必须依法接受有关监督检查部门的合法监督检查，如实提供会计资料及说明相关情况，不得拒绝、隐匿、谎报	遵纪守法
	（3）会计机构、会计人员对不真实、不合法的原始凭证有权不予接受，并向单位负责人报告，对记载不准确、不完整的原始凭证予以退回，并要求依照规定更正、补充	勤勉尽责、遵纪守法
	（4）会计人员必须检查账实是否相符，并进行相应处理，无权处理的，向单位负责人报告并要求处理	勤勉尽责、遵纪守法
	（5）会计人员在出具的财务报告及附注上注明报表编制情况，明确说明对其负责	勤勉尽职
	（6）禁止行为： ①不得授意、指使、强令会计机构、会计人员及其他人员伪造、变造会计凭证、会计账簿，编制虚假财务会计报告或者隐匿、故意销毁依法应当保存的会计凭证、会计账簿、财务会计报告。 ②会计人员不得要求会计师事务所出具不符合实际情况的审计意见	勤勉尽责、遵纪守法

4 个人特征要素分析

4.1 内涵与作用

4.1.1 定义与内涵

个人特质是指一个人的个性、品质方面的特点，是一种相对稳定的思想和行为方式。我们认为，会计人员必须在具备某些品质与个性的情况下才能更好地从事会计工作，缺少这些品质和个性可能会使会计人员在面临利益冲突等情形时迷失方向。因此，我们认为有必要对这些品质与个性进行规范，形成个人要素体系，并作为整个会计职业道德体系的基础。

4.1.2 地位与作用

个人特质要素是整个会计职业道德体系的基础，对专业胜任要素和职业素养要素起着统率的作用，是专业胜任要素和职业素养要素的前提和基础。一方面，与专业胜任要素和职业素养要素一样，个人特质要素有利于帮助会计人员协调各方社会关系，更好地为社会公众服务。另一方面，作为对品质与个性的最基本的规范，当专业胜任要素和职业素养要素无法指导会计人员行为时，个人特质要素提供了思路与解决方向。

4.2 他山之石：国际经验借鉴

在搭建个人特质要素体系时，我们充分吸收国际会计职业道德要求，将其精神内核与本质要求充分体现在我国职业道德体系中。如前所述，英国、美国、德国、法国、澳大利亚和日本的会计职业道德规范均以 IESBA 颁布的国际会计职业道德准则为基础，在其框架的基础上提出各自的具体内涵及要求。我们将被 40% 以上（含 40%）会计组织采用的会计职业道德原则要求界定为国际共性要求，并依据其内涵与特征划分为个人特质、专业能力、职业素养三个要素。总体来看，国际会计职业道德规范对于个人特质方面的要求集中在以下三个方面：正直、负责、公平。

4.2.1 正直

正直原则是在各国会计职业道德原则中广泛涉及的原则，在我们研究的 15 个国际会计组织中，一共有 11 个会计组织对该原则进行了规范，分别为 AICPA、IMA、FEI、IIA 这 4 个美国会计组织，ICAEW、ACCA、AIA 这 3 个英国会计组织，法国 CNCC 组织，日本 JICPA 组织，加拿大 CPA 组织，以及澳大利亚 APESB 组织。这 11 个组织对正直原则的具体规范见表 4-1：

表 4-1　　　　　　　　国际主要会计组织对正直原则的规范

原则	组织	原则解析
正直	AICPA	要求会员保持正确和公正
	IMA	禁止会员从事任何可能违背职业道德的行为
	FEI	要求会员诚实、正直地行动
	IIA	要求会员正直、诚实、勤恳地开展工作
	ICAEW	要求会员在所有职业和商业关系中，保持正直，并要求进行公平真实的交易
	ACCA	要求会员在所有职业和商业关系中，保持正直，并要求进行公平真实的交易
	AIA	要求会员在所有职业和商业关系中，保持正直，并要求进行公平真实的交易
	CNCC	要求会员在所有职业和商业关系中，保持正直，并要求进行公平真实的交易
	JICPA	要求会员在所有职业和商业关系中，保持正直，并要求进行公平真实的交易
	CPA	要求会员在执业过程中保持正直
	APESB	要求会员在所有职业和商业关系中，保持正直，并要求进行公平真实的交易

我们可以大致看出，美国 4 个会计组织对正直原则的表述有些差异，但主要侧重要求会计人员应当保持正确公平（正直）、诚实、勤恳，禁止从事任何违反职业道德的行为；加拿大 CPA 组织也要求会计人员保持正直；而英国 3 个会计组织以及法国、日本、澳大利亚共 6 个会计组织则直接借鉴了国际会计职业道德准则的表述，要求会员在所有职业和商业关系中，保持正直，并要求进行公平真实

的交易。

因此，我们在充分考量以上各国具体准则的前提下，将各国的核心要求反映到正直原则的制定中，认为对正直原则应该进行如下界定：正直是指保持正确和公平，正直原则要求会计人员在所有的职业和商业关系中，保持正直、诚实、勤恳的态度，进行公平真实的交易。

4.2.2 负责

在我们研究的 15 个会计组织中，共有 10 个会计组织对负责原则进行了规范。这 10 个会计组织分别为：AICPA、IMA、FEI 这 3 个美国会计组织，ICAEW、ACCA、AIA 这 3 个英国会计组织，德国 WPK 组织，日本 JICPA 组织，加拿大 CMA 组织，以及澳大利亚 APESB 组织。这 10 个组织对负责原则的具体规范见表 4-2：

表 4-2　　　　　　　　　　国际主要会计组织对负责原则的规范

原则	组织	原则解析
负责	AICPA	要求会员在所有执业活动中都应保持职业敏感和道德判断
	IMA	要求会员在执业过程中对客户、雇主及公众负责
	FEI	要求会员对待工作勤勉负责，按约定保质保量完成工作
	ICAEW	要求会员对待工作勤勉负责，合理规划，在规定时间内保质保量完成工作
	ACCA	要求会员对待工作勤勉负责，合理规划，在规定时间内保质保量完成工作
	AIA	要求会员对待工作勤勉负责，合理规划，在规定时间内保质保量完成工作
	WPK	要求会员在合同要求时间内认真完成全部义务，为服务对象实现最大利益
	JICPA	要求会员对待工作勤勉负责，合理规划，在规定时间内保质保量完成工作
	CMA	要求会员执业过程中认真负责，提供优质服务
	APESB	要求会员对待工作勤勉负责，合理规划，在规定时间内保质保量完成工作

我们可以看出，虽然这 10 个会计组织对于负责原则的具体要求有些差异，但是其精神内核与国际会计职业道德准则的要求一致。上述组织对负责原则的要

求主要体现在以下三个方面：首先，会计人员应该具有认真、勤恳、负责的工作态度；其次，体现在具体工作中就是要求会计人员保持职业敏感和职业判断，对工作内容进行合理规划；最后，会计人员应该在规定时间内保质保量地完成工作，向客户和雇主提供优质的服务。

因此，我们综合考虑上述三个方面的要求，认为对负责原则应该进行如下界定：会计人员应具有认真、勤恳、负责的工作态度，保持职业敏感和职业判断，对工作内容进行合理规划，以在规定时间内向客户和雇主提供优质的服务。

4.2.3　公平

公平原则在我们研究的 15 个会计组织中一共出现六次，这 10 个会计组织分别为：IMA、FEI 这 2 个美国会计组织，加拿大 CGA、CPA、CICA、CMA4 个会计组织，以及澳大利亚 APESB 组织。这 6 个组织对公平原则的具体规范见表 4-3：

表 4-3　　　　　　　　　　国际主要会计组织对公平原则的规范

原则	组织	原则解析
公平	IMA	要求会员应该避免不公平竞争
	FEI	要求会员应该避免不公平竞争
	CGA	要求会员在执业过程中公开、公平地对待他人
	CPA	要求会员在执业过程中公开、公平地对待他人
	CICA	要求会员在执业过程中公平对待同事、客户和雇主
	CMA	要求会员在执业过程中公平对待同事、客户和雇主
	APESB	要求会员在所有职业和商业关系中，保持正直，并要求进行公平真实的交易

上述国际会计组织中，单独把公平作为具体原则进行规范的组织并不多，有些组织在正直原则的表述中强调了公平原则的内涵。我们将有关公平原则的表述提取出来，认为公平原则主要强调以下几个方面：首先，会计人员应该公平地对待他人，包括同事、客户和雇主；其次，会计人员应该避免不公平竞争，进行公平真实的交易。因此，我们将上述两个层面的要求体现在公平原则的制定中，对公平原则进行如下界定：公平原则要求会计人员应该公平对待同事、客户和雇主，避免不公平竞争，进行公平真实的交易。

综上所述，我们在分析上述国家的会计职业道德规范后，综合考虑各国原则的适用性与特殊性，将其核心思想与本质要求反映到"正直""负责""公平"三个原则的规范中，作为个人特质要素的三个组成部分，以体现我国会计职业道德规范与国际会计职业道德准则的实质性趋同。

4.3 中国专有与特殊命题

与其他国家相比，我国的政治、经济、文化、社会环境存在特殊性，会计职业道德准则的制定必须充分考虑中国的具体国情，强调本土化。如前所述，我们从社会主义核心价值观中汲取了"爱国""敬业""诚信""友善"四点中国特质，从社会主义职业道德中总结了"敬业""诚信""公平"三点中国特质，从现有的会计职业道德规范中提取了"诚信""敬业""廉洁自律"三点中国特质。"爱国""敬业""诚信""友善""公平""廉洁自律"的内涵与基本要求如下：

"爱国"是社会主义核心价值观个人层面的核心理念，体现民族精神、反映国民素质。显而易见，爱国就是指热爱祖国，以振兴中华为己任，促进民族团结，维护祖国统一，自觉报效祖国。体现在会计工作中就是要求会计人员视国家利益高于一切，严格遵守和执行国家制定和颁布的各项法律法规和相关制度。

"敬业"既是社会主义核心价值观个人层面的精神，是社会主义职业道德对各行各业劳动者的最基本要求，也是现有会计职业道德规范的基础。"敬业"就是指热爱敬重自己的本职工作，拥有职业荣誉感，兢兢业业，努力勤勉，忠于职守，尽职尽责。敬业的基本要求是尽职爱岗，崇高境界是无私奉献。会计人员应该热爱自己的本职工作，安心于本职岗位，具有会计职业的荣誉感和自豪感，在职业活动中具有高度的劳动热情和创造性，以强烈的事业心、责任感从事会计工作。

"诚信"就是诚实守信。诚实是指言行和内心思想一致，不弄虚作假，不欺上瞒下，做老实人，说老实话，办老实事。守信就是遵守自己所作出的承诺，讲信用、重信用，信守诺言，保守秘密。诚信既是社会主义核心价值观倡导的内容之一，也是会计职业道德基本规范，更是做人的基本准则。在加强会计职业道德建设的过程中，必须有效引导会计人员坚守诚信这一基本执业理念。会计人员在会计工作中应该做到言行一致，不弄虚作假，不欺上瞒下，并且遵守自己所作出的承诺，保守职业秘密，不为利益所诱惑，对机密资料不外传、不外泄，守口如瓶。

"友善"是指公民之间应互相尊重、互相关心、互帮互助、友好相处，形成良好的人际关系，这是社会主义核心价值观在个人层面提出的理念，有助于形成融洽的社会氛围。这就要求会计人员在与周围人交往和相处时要有礼貌，与同事互相尊重、互相帮助，友善对待客户与雇主，这也是进一步合作的重要基础。

"公平"是社会主义职业道德对所有从业人员的要求，是对待人和事应有的一种态度，要求从业人员在待人处事上和各种职业活动中要公正公平、合情合理。这就要求会计人员公平地对待客户与雇主，并且公正公开地处理业务活动。

"廉洁自律"是现有的会计职业道德中的基本规范，是对会计人员从业的道德与精神层面的要求。"廉洁"就是不贪污钱财，不收受贿赂，保持清白。"自律"是指自律主体按照一定的标准，自己约束自己、自己控制自己的言行和思想的过程。会计人员应该树立正确的人生观和价值观，做到公私分明，不贪不占，并且做到遵纪守法，不违法乱纪、以权谋私，做到廉洁自律；而且要敢于、善于运用法律所赋予的权利，尽职尽责，勇于承担职业责任，履行职业义务，保证廉洁自律。

4.4 中国会计职业道德之个人要素体系

综上所述，在个人特质要素体系的构建中，我们从国际会计职业道德中借鉴了"正直""负责""公平"三点原则，并提取了"爱国""敬业""诚信""友善""公平""廉洁自律"六点中国特质，充分体现"国际化+本土化"的特点。在各个原则的界定方面，我们结合各方共同的本质要求与核心理念，并将各国的特殊因素考虑其中，以实现"共性"与"特性"的统一。

我们发现，国际会计职业道德中"负责"原则的精神内核与中国传统文化的"敬业"基本一致，因此我们将其统一作为"敬业"要素进行阐述。此外，国际部分与中国部分均涉及"公平"原则，我们对其内涵进行整合与归纳。经过上述考虑，最终形成的中国会计职业道德之要素体系共包括"爱国""敬业""诚信""友善""正直""公正""廉洁自律"七个部分，我们将其划分为"爱国敬业""诚信友善""正直公正""廉洁自律"四个一级要素，将上述要素的定义与内涵进行梳理与总结，最终形成的要素体系如下：

4.4.1 爱国敬业

1）定义与内涵

爱国就是热爱祖国，以振兴中华为己任，促进民族团结，维护祖国统一，自觉报效祖国；敬业是指热爱敬重自己的本职工作，拥有职业荣誉感，兢兢业业，努力勤勉，忠于职守，尽职尽责。

2）基本要求

会计人员应该视国家利益高于一切，严格遵守和执行国家制定和颁布的各项法律法规和相关制度；应该热爱自己的本职工作，安心于本职岗位，具有会计职业的荣誉感和自豪感，在职业活动中具有高度的劳动热情和创造性，以强烈的事业心、责任感从事会计工作；同时应该保持职业敏感和职业判断，对工作内容进行合理规划，在规定时间内向客户和雇主提供优质的服务。

4.4.2　诚信友善

1）定义与内涵

诚信就是诚实守信。诚实是指言行和内心思想一致，不弄虚作假，不欺上瞒下，做老实人，说老实话，办老实事。守信就是遵守自己所作出的承诺，讲信用、重信用，信守诺言，保守秘密；友善是指公民之间应互相尊重、互相关心、互帮互助、友好相处，形成良好的人际关系。

2）基本要求

会计人员在会计工作中应该做到言行一致，不弄虚作假，不欺上瞒下，并且遵守自己所作出的承诺，保守职业秘密，不为利益所诱惑，对机密资料不外传、不外泄，守口如瓶；会计人员在与周围人交往和相处时要有礼貌，与同事互相尊重、互相帮助，友善对待客户与雇主。

4.4.3　正直公正

1）定义与内涵

正直就是指保持正确和公正；公正是对待人和事应有的一种态度，指从业人员在待人处事上和各种职业活动中要公正公平、合情合理。

2）基本要求

会计人员在所有的职业和商业关系中，保持正直、诚实、勤恳的态度；同时，应该公平地对待客户与雇主，并且公正公开地处理业务活动，公平对待同事、客户和雇主，避免不公平竞争，进行公平真实的交易。

4.4.4　廉洁自律

1）定义与内涵

廉洁就是不贪污钱财，不收受贿赂，保持清白。自律是指自律主体按照一定的标准，自己约束、自己控制自己的言行和思想的过程。

2）基本要求

会计人员应该树立正确的人生观和价值观，做到公私分明，不贪不占，并且做到遵纪守法，不违法乱纪、以权谋私，做到廉洁自律；而且要敢于、善于运用法律所赋予的权利，尽职尽责，勇于承担职业责任，履行职业义务，保证廉洁自律。

5 会计职业道德体系之专业能力要素

5.1 专业能力要素的本质与内涵

5.1.1 定义与内涵

专业能力指从事某种职业所需要具备的特殊知识、经验与技能。专业能力既包括为了胜任某一具体职业而必须具备的职业能力，主要体现为具备相应任职资格；也包括在职业生涯中表现出的职业态度，主要体现为对待工作勤勉负责，关注职业发展，与时俱进。

任何职业都有相应的岗位职责要求，一定的专业能力则是胜任某种职业岗位的必要条件。会计职业作为一项专业性较强的职业，对专业能力的要求也相对严格精细。具备从事会计职业的专业能力是会计人员开展工作的必要条件，也是确保会计工作顺利有效进行的前提基础。因此，我们认为有必要对会计人员的专业能力进行规范，形成专业能力要素体系，并作为会计职业道德体系的重要组成部分。

5.1.2 地位与作用

专业能力要素是会计职业道德体系的重要组成部分，体现了会计专业对会计人员职业道德的特殊性要求。对会计人员的专业能力进行规范既是个人素养特质在会计专业的具体体现，也是进一步开展会计工作、保证会计工作质量的前提基础。会计行业作为专业性较强的行业，对专业能力有个性较强、水平较高的要求，从会计道德规范体系对会计人员的专业能力进行规范，与行业准入标准等制度规范相互支持补充，形成健全的规范体系，以确保会计人员具备足够的胜任能力，为会计工作的顺利开展提供前提保证。

5.2　他山之石：国际经验借鉴

在搭建专业能力要素体系时，我们充分吸收国际会计职业道德要求，将其精神内核与本质要求充分体现在我国职业道德体系中。与个人特质要素体系采用方法相同，我们将国际上对会计人员专业能力方面的共性要求纳入我国的会计职业道德规范体系之中，包含的具体基本原则为：勤勉负责、专业胜任和应有关注。

5.2.1　勤勉负责

勤勉负责原则是在各国会计职业道德原则中广泛涉及的原则，在我们研究的15个国际会计组织中，共有10个会计组织对该原则进行了规范，分别为 AICPA、IMA、FEI 这 3 个美国会计组织，ICAEW、ACCA、AIA 这 3 个英国会计组织，德国 WPK 组织，日本 JICPA 组织，加拿大 CMA 组织，以及澳大利亚 APESB 组织。这 10 个会计组织对勤勉负责原则的具体规范见表 5-1：

表 5-1　　　　　　　　　国际主要会计组织对勤勉负责原则的规范

原则	组织	原则解析
勤勉负责	AICPA	要求会员在所有执业活动中都应保持职业敏感和道德判断
	IMA	要求会员在执业过程中对客户、雇主及公众负责
	FEI	要求会员对待工作勤勉负责，按约定保质保量完成工作
	ICAEW	要求会员对待工作勤勉负责，合理规划，在规定时间内保质保量完成工作
	ACCA	要求会员对待工作勤勉负责，合理规划，在规定时间内保质保量完成工作
	AIA	要求会员对待工作勤勉负责，合理规划，在规定时间内保质保量完成工作
	WPK	要求会员在合同要求时间内认真完成全部义务，为服务对象实现最大利益
	JICPA	要求会员对待工作勤勉负责，合理规划，在规定时间内保质保量完成工作
	CMA	要求会员在执业过程中认真负责，提供优质服务
	APESB	要求会员对待工作勤勉负责，合理规划，在规定时间内保质保量完成工作

可以看出，对勤勉负责原则的认识各会计组织较为一致。英国、日本、澳大利亚三国直接借鉴了国际会计职业道德准则对勤勉负责原则的阐释，将勤勉负责界定为对待工作勤勉负责，合理规划，在规定时间内保质保量完成全部工作。其他组织虽在表述上存在不同，但核心要求也与国际会计职业道德准则一致，即强

调工作态度应勤勉负责，以保证工作的质量和结果符合相同的要求及规范等。

因此，我们在主要借鉴国际会计职业道德准则的基础上同时参照了其他组织对勤勉负责原则的阐述，对勤勉负责原则进行如下界定：勤勉负责是指保持勤勉负责的工作态度，合理规划，保证在规定时间内保质保量完成工作，为客户及雇主提供优质服务。

5.2.2 专业胜任

专业胜任原则是在各国会计组织职业道德规范中普遍进行要求的原则，在我们研究的 15 个国际会计组织中，多达 13 个会计组织对该原则进行了规范，分别为 AICPA、IMA、FEI、IIA 这 4 个美国会计组织，ICAEW、ACCA、AIA 这 3 个英国会计组织，法国 CNCC 组织，日本 JICPA 组织，加拿大 CPA、CICA、CMA5 个会计组织，以及澳大利亚 APESB 组织。这 13 个会计组织对专业胜任原则的具体规范见表 5-2：

表 5-2　　　　　　　国际主要会计组织对专业胜任原则的规范

原则	组织	原则解析
专业胜任	AICPA	要求会员恪守专业技术和道德准则的要求，坚持不懈地提高专业能力和服务质量
	IMA	要求会员通过持续学习知识和技术，保持合适的职业竞争力
	FEI	要求会员保持和分享职业需要的知识和技能
	IIA	要求会员只能从事与其所具备的知识、技能和经验相适应的服务活动
	ICAEW	要求会员具备并保持实践要求的知识和专业技术水平
	ACCA	要求会员具备并保持实践要求的知识和专业技术水平
	AIA	要求会员具备并保持实践要求的知识和专业技术水平
	CNCC	要求会员具备并维持开展业务所需的专业知识和技能
	JICPA	要求会员具备并保持实践要求的知识和专业技术水平
	CPA	要求会员了解、遵从职业标准的发展变化，保持专业技能和胜任能力
	CICA	要求会员了解、遵从职业标准的发展变化，保持专业技能和胜任能力
	CMA	要求会员具备必需的专业胜任能力
	APESB	要求会员具备并保持实践要求的知识和专业技术水平

通过对比各会计组织对专业能力原则的阐释，可以看出国际上对专业胜任原则的核心要点主要有：①范围上包括知识和技能两个方面；②静态时点上"具备"专业能力和动态时段上"保持"专业能力，以最终达到职业胜任的要求。据此，可以将国际上对专业胜任原则界定如下：专业胜任是指具备并保持从事相关会计活动要求的知识和技能，确保职业胜任。

5.2.3 应有关注

应有关注原则也是在各国会计组织职业道德规范中较多涉及的原则性要求，在我们研究的 15 个国际会计组织中，有 7 个会计组织对该原则进行了规范，分别为美国 AICPA 组织，英国 ICAEW、ACCA、AIA3 个会计组织，以及加拿大 CGA、CPA、CICA3 个组织。这 7 个会计组织对专业能力原则的具体规范见表 5-3：

表 5-3　　　　　　　　　国际主要会计组织对应有关注原则的规范

原则	组织	原则解析
应有关注	AICPA	要求会员恪守专业技术和道德准则的要求，坚持不懈地提高专业能力和服务质量
	ICAEW	要求会员具备与专业和商业发展相适应的不断更新的观念和相关技术
	ACCA	要求会员具备与专业和商业发展相适应的不断更新的观念和相关技术
	AIA	要求会员具备与专业和商业发展相适应的不断更新的观念和相关技术
	CGA	要求会员在自身所在领域内不断提高专业知识和技能，并且依据应有的谨慎和职业判断使用这些技能知识
	CPA	要求会员在执业过程中给予应有的关注
	CICA	要求会员在执业过程中给予应有的关注

通过综合对比各国主要会计组织对应有关注原则的阐释可以总结出应有关注原则的核心要点主要有：①会计人员应对专业以及商业发展动态持有关注态度；②会计人员应不断更新观念、技能，不断提高专业技能和服务质量。据此可以将国际上对专业能力原则的界定整合如下：应有关注是指对专业及商业发展动态持有关注态度，并根据发展的实际不断更新观念、技能，以不断提高专业技能和服务质量。

5.3 中国专有与特殊命题

5.3.1 中国特质的提取

如前所述，在专业能力要素体系研究中，我们也从社会主义核心价值观、社会主义职业道德、会计改革具体要求与当前会计职业道德规范等四个方面进行挖掘，以期提取中国特质，充实会计职业道德体系。但是，在我们的研究中发现，国际会计准则中对于专业胜任原则、应有关注原则与勤勉负责原则的论述已经较为翔实，我国对于专业能力要求的表述虽与国际职业道德原则有所差异，其核心要求也集中在上述三个方面。

我们从现有的会计职业道德规范中提取了"参与管理"这项中国特质，作为专业能力要素体系的补充元素。现有会计职业道德规范中提出会计人员应该"提高技能"，其核心思想与应有关注原则比较类似，我们将其作为应有关注原则的补充。此外，会计改革对于会计人员的专业能力提出了政策性的要求，我们也不将其作为新的要素，而是在专业胜任原则的内容中进行补充。

5.3.2 引入中国特质的必要性

参与管理，简单地讲就是间接参加管理活动，为管理者当参谋，为管理活动服务。会计在企业管理中具有十分重要的作用，但是会计工作的性质决定了会计在企业管理活动中更多的是从事间接管理的活动。参与管理就是要求会计人员积极主动地向管理人员反映本单位的财务、经营中可能存在的问题，主动地提出合理化建议，积极地参与市场调研和预测，参与决策方案的制订和选择，参与决策的执行、检查和监督，为管理者的经营管理和决策活动当好助手和参谋。如果没有管理者的积极参与，企业的经营管理就可能出现问题，决策就可能出现问题。

因此，会计人员必须强化自己参与管理、当好参谋的决策意识和责任意识。国际会计职业道德准则中较少涉及参与管理的内容，我们认为有必要将其纳入专业能力体系中，以更好地帮助会计人员为企业服务。

5.3.3 对现有原则内容的补充

我国现有的会计职业道德规范指出，会计人员应该努力提高技能，应该通过学习、培训和实践等途径，持续提高职业技能，以达到和维持足够的专业胜任能力，并且，会计职业道德规范要求会计人员应该具有不断提高会计专业技能的意识和愿望，并具有勤学苦练的精神和科学的学习方法。可以看出，会计职业道德规范中对于提高技能的要求虽然与国际会计职业道德规范中的应有关注原则表

79

述方式有所差异，但是其核心思想是一致的。因此我们在应有关注原则的制定时应该综合考虑国际规范和我国规范，比较、梳理、综合得出最后的规范。

从我国会计改革的进程中我们可以发现，日益复杂的社会环境对会计人员的专业能力提出了更高的要求。会计行业的迅速发展需要会计人员拥有开阔的视野、开放的胸襟，准确把握会计理论和实践的发展趋势，在继承本国优秀理论的基础上借鉴外国先进成果，形成完备的知识结构，既要牢固掌握会计专业的理论知识和实务技能，又要熟悉经济、管理、法律等相关领域和相关学科的基础知识；既要通晓人文社会科学理论，又要了解自然科学技术知识；既要擅长理论研究，又要精通会计实务。我们认为应该将上述要求反映在专业能力要素的规范中，以反映会计职业道德规范的特殊性与时代性。

虽然在专业能力要素体系中我们没有发现许多新的内涵与中国特质，但是我们认为，会计职业道德要素体系应该增强其实用性与可操作性，实现原则与规则的统一，因此，我们从工作环节的具体规则中提取中国对于专业能力要素的要求。

我国审计准则中对审计人员各个工作流程提出了具体的要求，我们将其中涉及专业能力要素体系的规则剥离出来，对其进行归纳与总结。我们将实际工作流程中的规范作为对专业能力要素的补充，以增强会计职业道德体系的针对性与可操作性。

5.4　中国会计职业道德之专业能力要素体系

5.4.1　专业胜任

1）定义与内涵

专业胜任是指会计人员应该具备并保持从事相关会计活动要求的知识和技能，确保职业胜任。

2）基本要求

会计人员应具备从事会计工作所要求的知识、技能和经验，只从事能力可以胜任的工作，并且按照有关的法律、规定和技术标准，执行职业任务，拥有开阔的视野、开放的胸襟，形成完备的知识结构，既要擅长理论研究，又要精通会计实务。

5.4.2 应有关注

1) 定义与内涵

会计人员应该通过持续的学习、培训等形式保持和不断提高自己的专业能力，提高服务能力和服务质量，以更好地为客户或雇主提供服务。

2) 基本要求

会计人员应通过持续学习知识和技术，定期参与培训，以维持应有的职业竞争力，持续提高能力和服务的效果、质量，同时应向行业内的其他人传播管理会计职业的基本知识，促进行业的发展。此外，会计人员应该具有不断提高会计专业技能的意识和愿望，并具有勤学苦练的精神和科学的学习方法。

5.4.3 勤勉负责

1) 定义与内涵

勤勉负责是指保持勤勉负责的工作态度，保质保量地为客户及雇主提供优质服务。

2) 基本要求

勤勉负责要求会计人员对每一项任务进行合理计划和监督，确保在合同要求的时间段内认真地完成全部任务，并且应该采取合理措施，确保负责项目的员工具有合格的专业能力，受到足够的训练和监督管理，保质保量地完成会计工作。

5.4.4 参与管理

1) 定义与内涵

参与管理就是指会计人员应该参加管理活动，为管理者当参谋，为管理活动服务。

2) 基本要求

会计人员应该努力钻研业务，熟悉财经法规和相关制度，提高业务技能，为参与管理打下坚实的基础；同时，应该熟悉服务对象的经营活动和业务流程，使管理活动更具针对性和有效性。

6 职业素养要素分析

6.1 职业素养要素的本质与内涵

6.1.1 定义与内涵

职业素养是指职业内在的规范和要求，是在工作过程中表现出来的综合品质，主要包含职业道德、职业意识、职业行为习惯和职业技能。其中，前三项是职业素养中根基的部分，是贯穿劳动者整个职业生涯的核心素质；而职业技能只是支撑职业人生的表象内容，一般可通过相对短期的训练等获得。因此，本章在原则层面上主要对前三项内容展开讨论，同时在具体规范层面上会对可能涉及的具体职业技能加以规范。

职业素养是人类在社会活动中需要遵守的行为规范，也是劳动者个人职业生涯成败的关键因素。会计行业因其特有的行业特征，使得会计人员在工作过程中可能会面对较为复杂的商业关系、经济关系和利益关系等，对会计人员的职业道德、职业意识等职业素养提出了特殊的要求。具备会计行业的特殊职业素养是会计人员促进个人职业发展的必需条件，也是相关会计工作顺利展开、相关经济活动正常有序运行的必要保证。因此，我们认为有必要对会计人员的职业素养进行规范，形成职业素养要素体系，并作为会计职业道德体系的重要组成部分。

6.1.2 地位与作用

职业素养要素是会计职业道德体系的核心部分，体现了会计专业对会计人员职业道德的特殊性要求。通过会计职业道德规范对会计人员应具备的职业素养进行规范无论对会计人员自身的职业发展还是对会计行业乃至我国市场经济的健康发展都具有重要作用。一方面，职业素养作为从业人员的核心品质越来越受到用人单位的重视，已成为决定个人职业生涯发展的关键性因素。对会计职业素养进行明确规范，为会计人员行为提供指导，具有重要意义。另一方面，会计人员团体良好的职业素养是会计工作顺利开展、树立会计行业良好形象的必要保证，同时，由于会计行业在市场经济中的重要作用，会计人员团体的良好职业素养也对市场经济健康运行具有重要意义。

6.2 他山之石：国际经验借鉴

在搭建职业素养要素体系时，我们充分吸收国际会计职业道德要求，将其精神内核与本质要求充分体现在我国职业道德体系中。与个人特质要素及专业能力要素体系采用的方法相同，我们将国际上对会计人员专业能力方面的共性要求纳入我国的会计职业道德规范体系之中，包含的具体基本原则为：客观、独立、保密、遵纪守法、维护职业声誉及公众利益六项原则。

6.2.1 客观

客观原则是在各国会计职业道德原则中普遍要求的原则，在我们研究的15个国际会计组织中，多达12个会计组织对该原则进行了规范，分别为 AICPA、IIA 这2个美国会计组织，ICAEW、ACCA、AIA 这3个英国会计组织，法国 CNCC 组织，德国 WPK 组织，日本 JICPA 组织，加拿大 CPA、CICA、CMA3 个会计组织，以及澳大利亚 APESB 组织。这12个会计组织对客观原则的具体规范见表6-1：

表6-1　　　　　　　　　国际主要会计组织对客观原则的规范

原则	组织	原则解析
客观	AICPA	要求会员在履行职业责任时，保持客观性和避免利益冲突，保持形式上和实质上的独立性
	IIA	禁止会员参与可能妨碍或被认为妨碍其公正评价的活动或关系，包括参与与组织利益相冲突的活动或关系
	ICAEW	要求会员必须保持不偏不倚，不能因偏见、利益冲突和他人的不当影响左右自己的职业判断
	ACCA	要求会员必须保持不偏不倚，不能因偏见、利益冲突和他人的不当影响左右自己的职业判断
	AIA	要求会员必须保持不偏不倚，不能因偏见、利益冲突和他人的不当影响左右自己的职业判断
	CNCC	要求会员必须保持不偏不倚，不能因偏见、利益冲突和他人的不当影响左右自己的职业判断
	WPK	要求在会员工作中必须保持客观公正，不偏不倚
	JICPA	要求会员必须保持不偏不倚，不能因偏见、利益冲突和他人的不当影响左右自己的职业判断
	CPA	要求会员不得因偏见、利益冲突或他人的不当影响损害自身的职业或商业判断
	CICA	要求会员不得因偏见、利益冲突或他人的不当影响损害自身的职业或商业判断
	CMA	要求会员不得因偏见、利益冲突或他人的不当影响损害自身的职业或商业判断
	APESB	要求会员必须保持不偏不倚，不能因偏见、利益冲突和他人的不当影响左右自己的职业判断

从各国会计组织对客观原则的阐述可以看出各会计组织对客观原则的要求较为一致，英国、法国、日本、澳大利亚借鉴了国际会计职业道德准则对客观原则的定义，其他几国会计组织虽在表述上存在细微差别，但核心要求也集中于以下几点：①保持不偏不倚的态度；②不得因偏见、利益冲突和他人的不当影响左右自己的职业判断。这与国际会计职业道德准则对客观原则的阐释在本质上是一致的。据此，我们也主要采用国际会计职业道德准则的定义，对客观原则界定如下：客观原则是指保持不偏不倚的客观态度，不因偏见、利益冲突和他人的不当影响左右自己的职业判断。

6.2.2 独立

独立原则是在各国会计职业道德原则中较多涉及的原则，在我们研究的15个国际会计组织中，共有6个会计组织对该原则进行了规范，分别为AICPA、FEI这2个美国会计组织，ICAEW、ACCA、AIA这3个英国会计组织，法国CNCC组织。这6个会计组织对独立原则的具体规范见表6-2：

表6-2　　　　　　　　　国际主要会计组织对独立原则的规范

原则	组织	原则解析
独立	AICPA	要求会员在履行职业职责时，保持形式上和实质上的独立性
	FEI	避免人事或业务关系中形式上及实质上的利益冲突
	ICAEW	要求会员在执业过程中保持形式上和实质上的独立性
	ACCA	要求会员在执业过程中保持形式上和实质上的独立性
	AIA	要求会员在执业过程中保持形式上和实质上的独立性
	CNCC	要求会员在人事关系和业务关系上保持形式上和实质上的独立

从各国会计组织对独立原则的阐释中可以看出，各组织都规定独立性既包括会计人员形式上的独立性也包括实质上的独立性，同时，美国FEI组织和法国CNCC组织在此基础上进一步规范出会计人员应在人事关系和业务关系两个层面上的独立性。据此，我们将独立原则界定如下：独立原则是指在人事关系和业务关系中保持形式上和实质上的独立性。

6.2.3 保密

保密原则是在各国会计职业道德原则中普遍要求的原则，在我们研究的15个国际会计组织中，多达14个会计组织对该原则进行了规范，分别为AICPA、IMA、FEI、IIA4个美国会计组织，ICAEW、ACCA、AIA这3个英国会计组织，法国CNCC组织，德国WPK组织，日本JICPA组织，加拿大CPA、CICA、CMA3个会计组织，以及澳大利亚APESB组织。这14个会计组织对保密原则的具体规范见表6-3：

表6-3 国际主要会计组织对保密原则的规范

原则	组织	原则解析
保密	AICPA	未经客户特殊允许，事务所会计人员不得泄露客户任何机密信息
	IMA	除授权或法律要求之外，禁止会员泄露因工作获知的机密信息
	FEI	要求会员尊重工作过程中获知信息的机密性
	IIA	要求会员谨慎利用、保护履行职责过程中获取的信息
	ICAEW	要求会员保守因职业或商业关系获得的信息，在未经授权的情况下，不得将此类信息泄露给第三方或借此为自己或第三方谋利，法律或职业规范有披露要求的情形除外
	ACCA	要求会员保守因职业或商业关系获得的信息，在未经授权的情况下，不得将此类信息泄露给第三方或借此为自己或第三方谋利，法律或职业规范有披露要求的情形除外
	AIA	要求会员保守因职业或商业关系获得的信息，在未经授权的情况下，不得将此类信息泄露给第三方或借此为自己或第三方谋利，法律或职业规范有披露要求的情形除外
	CNCC	要求会员保守因职业或商业关系获得的机密信息
	WPK	要求会员对职业活动中获知的涉密信息严格保密
	JICPA	要求会员保守因职业或商业关系获得的信息，在未经授权的情况下，不得将此类信息泄露给第三方或借此为自己或第三方谋利，法律或职业规范有披露要求的情形除外
	CPA	要求会员保护因职业关系、雇佣关系和商业关系而获得的机密信息
	CICA	要求会员保守因职业关系、雇佣关系和商业关系而获得的机密信息，在没有特别授权的情况下，不得将其透露给第三方或为自己或第三方谋利
	CMA	要求会员除特殊情况外，不得披露任何有关会员雇主和客户事务的机密信息
	APESB	要求会员保守因职业或商业关系获得的信息，在未经授权的情况下，不得将此类信息泄露给第三方或借此为自己或第三方谋利，法律或职业规范有披露要求的情形除外

从各国会计组织对保密原则的阐述中可以看出，保密原则的几个核心点如下：①机密信息来源：职业关系、雇佣关系及商业关系中获得；②禁止行为：将机密信息泄露给第三方或借此为自己或第三方谋利；③特殊情形：获得相关授权或法律、规范要求披露。据此，我们将保密原则界定如下：保密原则是指保守因职业关系、雇佣关系及商业关系中获得的机密信息，在未获相关授权或法律规范要求披露的情况下，不得将此类信息泄露给第三方或借此为自己或第三方谋利。

6.2.4　遵纪守法

遵纪守法原则是在各国会计职业道德原则中普遍要求的原则，在我们研究的15个国际会计组织中，多达11个会计组织对该原则进行了规范，分别为AICPA、FEI 2个美国会计组织，ICAEW、ACCA、AIA这3个英国会计组织，法国CNCC组织，德国WPK组织，日本JICPA组织，加拿大CGA、CMA 2个会计组织，以及澳大利亚APESB组织。这11个会计组织对遵纪守法原则的具体规范见表6-4：

表6-4　　　　　　　　　国际主要会计组织对遵纪守法原则的规范

原则	组织	原则解析
遵纪守法	AICPA	要求会员一切行为遵守相关法律法规
	FEI	遵守国家法律法规及相关准则
	ICAEW	要求会员遵守相关法律法规
	ACCA	要求会员遵守相关法律法规
	AIA	要求会员遵守相关法律法规
	CNCC	要求会员遵守相关法律法规
	WPK	要求会员遵守相关法律法规、行业自律规范以及所在机构的规章制度
	JICPA	要求会员遵守相关法律法规
	CGA	要求会员不得从事违反法律法规的行为
	CMA	要求会员执业过程中严格遵守相关法律法规
	APESB	要求会员遵守相关法律法规

从各国会计组织对遵纪守法原则的阐释可以看出，遵纪守法原则各国达成了相对一致的认识，即遵守相关法律法规、行业自律规范、所在机构规章制度等。据此，可将国际上对遵纪守法的原则界定如下：遵纪守法原则是指遵守相关法律法规、行业自律规范及所在机构的规章制度等。

6.2.5 维护职业声誉

维护职业声誉是在各国会计职业道德原则中普遍要求的原则，在我们研究的15个国际会计组织中，多达12个会计组织对该原则进行了规范，分别为AICPA、FEI 2个美国会计组织，ICAEW、ACCA、AIA这3个英国会计组织，法国CNCC组织，德国WPK组织，日本JICPA组织，加拿大CPA、CICA、CMA 3个会计组织，以及澳大利亚APESB组织。这12个会计组织对维护职业声誉原则的具体规范见表6-5：

表6-5　　　　　　国际主要会计组织对维护职业声誉原则的规范

原则	组织	原则解析
维护职业声誉	AICPA	要求会员不得作出有损职业声誉的行为
	FEI	要求会员不得作出有损职业声誉的行为
	ICAEW	要求会员不得作出有损职业声誉的行为
	ACCA	要求会员不得作出有损职业声誉的行为
	AIA	要求会员不得作出有损职业声誉的行为
	CNCC	要求会员不得作出有损职业声誉的行为
	WPK	要求会员无论在职责范围内外其行为都应符合职业准则要求并赢得信任
	JICPA	要求会员不得作出有损职业声誉的行为
	CPA	要求会员不得作出有损职业声誉的行为
	CICA	要求会员不得作出有损职业声誉的行为
	CMA	要求会员不得作出有损职业声誉的行为
	APESB	要求会员不得作出有损职业声誉的行为

从各国会计组织对维护职业声誉原则的阐释可以看出，各国对维护职业声誉原则也有相对统一的认识，即要求会员不得作出有损职业声誉的行为。据此，可将国际上对维护职业声誉的原则界定如下：维护职业声誉原则是指严格遵守职业准则要求，不得作出有损职业声誉的行为。

6.2.6 公众利益

公众利益原则是在各国会计职业道德原则中较多涉及的原则，在我们研究的15个国际会计组织中，共有6个会计组织对该原则进行了规范，分别为AICPA、IMA、FEI这3个美国会计组织，加拿大CGA、CPA、CICA 3个会计组织。这6个会计组织对公众利益原则的具体规范见表6-6：

表6-6　　　　　　　　国际主要会计组织对公众利益原则的规范

原则	组织	原则解析
公众利益	AICPA	要求会员为公众利益服务、获取公众信任、履行对职业界的承诺
	IMA	要求会员为公众利益服务、获取公众信任、履行对职业界的承诺
	FEI	要求会员提供服务时注重维护公众利益
	CGA	要求会员在工作中不得做出有损公众利益的行为
	CPA	要求会员将守护和增进社会利益作为自身一项基本责任
	CICA	要求会员将守护和增进社会利益作为自身一项基本责任

从美、加两国对公众利益原则的阐释中可以看出，两国各主要会计组织通过公众利益原则更多的是提供一种导向性的引导，而非具体细节规范，更强调会计人员在执业过程中的一种精神态度。综合两国主要会计组织对公众利益原则的阐释，我们对公众利益原则界定如下：公众利益是指在思想上将守护、增进社会利益作为自身基本责任，在执业过程中注重维护公众利益，为公众利益服务，获取公众信任，履行对业界的承诺。

6.3　中国专有与特殊命题

6.3.1　中国特质的提取

从上面我们可以看出，国际会计职业道德中关于职业素养要素的内容十分丰富，包括客观、独立、保密、遵纪守法、维护职业声誉、公众利益这六大原则。

国际会计职业道德中对职业素养方面的要求已经较为完备，我们应进行充分的借鉴，将客观、独立、保密、遵纪守法、维护职业声誉、公众利益这六个要素纳入我国会计职业道德的职业素养要素体系的构建中来。

同时，我们对社会主义核心价值观、社会主义职业道德、会计改革要求、现有会计职业道德规范等进行深入研究。研究发现，我国对会计人员的职业素养提出的要求本质上主要集中在上述六个原则中，只是具体要求有所差异，我们将中国的具体要求考虑在上述原则的制定中。同时，我们发现，会计改革对会计人员职业素养也提出了新的要求，比如强化风险意识，我们将其作为新的要素，作为职业素养要素体系的补充元素。

6.3.2　引入中国特质的必要性

风险意识，就是指会计人员应该具备职业风险意识，及时识别职业风险并采取措施防范风险。随着国际合作的开展与社会经济的发展，会计人员面对的社会关系更加复杂，工作中面临的风险更加多样化。企业应该建立更加完善的内部控制体系与更加合理的内控程序，以增强应对风险的能力。同时，会计人员应该主动建立职业风险意识，积极主动地识别周围的风险，对风险进行评价，并采取措施应对职业风险，促进会计工作合理有效的开展。我们认为，会计人员主动应用风险评价与防控机制可以有效降低职业风险，减少道德风险与法律风险等一系列风险。强化风险意识是我国会计工作的重点之一，也是会计改革提出的要求，因此我们认为有必要将"风险意识"作为专门的要素纳入职业素养要素体系中。

6.3.3　对现有原则内容的补充

我国社会职业道德规范中包含了"服务群众"与"奉献社会"两条规范，指出社会各行各业的从业人员都应该为人民群众服务，肩负起本行业应承担的社会责任，把人民群众的需要作为一切工作的出发点和落脚点，满足人民群众的需求，自觉积极地为社会做贡献。可以看出，这两条规范虽然带有浓厚的社会主义特征，但是其为社会公众服务的思想与国际会计职业道德中的"公众利益"原则一脉相承，因此，我们将中国的"服务群众"与"奉献社会"的要求融入职业素养要素体系中，作为对"公众利益"要素的补充。

此外，会计改革文件中强调了会计人员应增强法律意识，自觉遵守法律法规，现有会计职业道德规范中的"坚持准则"也提出了对会计人员遵守法律法规的要求，这些与国际会计职业道德规范中"遵纪守法"原则的核心要求是一致的，并体现了中国特有的法律环境与制度环境。因此，我们将中国的具体要求体现在"遵纪守法"要素的阐述中，以增强其现实性与针对性。会计职业道德规范中的"客观独立"要求会计人员保持客观公正，要不偏不倚地对待利益各方，保持会计工作的真实性与可靠性，并指出独立性对注册会计师行业尤为重要。可以看出，以上要求涵盖了国际会计职业道德规范中的"客观"与"独立"原则的本质要求，我们将在"客观"与"独立"要素中分别进行补充说明。

我们已经指出，中国会计职业道德体系应该兼顾原则上与规则上的要求，从而增强其针对性与可操作性。虽然国际会计职业道德规范对会计人员的职业素养提出了较为全面的要求，我们也从中国内涵上进行了补充，但是一些原则的要求仍较为抽象，难以在实际工作中指导会计人员。因此，我们从中国审计准则中提取了各个会计工作流程中的具体要求，将其中涉及职业素养要素的规则剥离出来，进行整理与归纳，并作为对具体要素的补充。经过以上步骤，我们归纳整理出中国会计职业道德之专业能力要素体系。

6.4 中国会计职业道德之专业能力要素体系

6.4.1 客观

1）定义与内涵

客观原则是指保持不偏不倚的客观态度，不因偏见、利益冲突和他人的不当影响左右自己的职业判断。

2）基本要求

会计人员应该保持端正的态度，在履行职能时应该摒弃单位、个人私利，公正对待利益相关各方；同时应该保持自己的判断，不得因他人的不当影响左右自己的职业判断；实事求是，保持会计工作的真实性与可靠性。

6.4.2 独立

1）定义与内涵

独立原则是指在人事关系和业务关系中保持形式上和实质上的独立性。形式上的独立是指一个理性且掌握充分信息的第三方，在权衡所有相关事实和情况后，认为会计师事务所或审计项目组成员没有损害诚信原则、客观和公正原则或职业怀疑态度。实质上的独立则是一种内心状态，是注册会计师诚信行事，遵循客观和公正原则，保持职业怀疑态度。

2）基本要求

在公共领域执业，提供鉴证、税务和管理咨询服务的会计人员，需要通过对客户关系和公众责任持续不断的评估来保持客观和独立性。提供审计和其他鉴证服务的会计人员应在实质和形式上坚持独立性。在提供其他服务时，会计人员应保持客观独立，避免利益冲突。受雇于他人的会计人员在编制财务报表或者进行审计、税务筹划、咨询服务时，虽然不能保持形式上的独立性，但是他们也有责任在提供专业服务时保持实质上的独立，应该始终坚持客观原则、保持仔细谨慎，公平公正的态度。

6.4.3 保密

1）定义与内涵

保密是指保守因职业关系、雇佣关系及商业关系中获得的机密信息，在未获相关授权或法律规范要求披露的情况下，不得将此类信息泄露给第三方或借此为自己或第三方谋利。

2）基本要求

会计人员应保守潜在客户或雇主、公司和用人单位的信息，同时采取措施，对辅助单位及员工进行管理和监督，确保辅助单位及员工也遵守保密义务。除了授权或法律要求之外，禁止披露工作中的机密信息，雇佣或服务关系解除后保密义务依旧存在。在没有授权的情况下，不得利用因为职业关系、雇佣关系和商业关系获得的机密信息为自己或第三方谋利。

6.4.4   遵纪守法

1）定义与内涵

遵纪守法原则是指遵守相关法律法规、行业自律规范及所在机构的规章制度等。

2）基本要求

会计人员应该做到守法经营，依法理财，依法办事，不做违法违纪和违反政策的事。在执业过程中必须遵循国家相关法律、法规的要求，这是对会计人员的最低要求。我国的会计法律法规包括会计法律、会计行政法规、国家统一的会计制度和地方性会计法规。还应该遵循行业协会发布的职业道德准则和职业行为规范，同时也要遵守行业协会和其委员会合法的规定和决议；会计人员应该遵守所在公司或组织的部门规章及相关条例，并以法律法规和行业规范为准绳。

6.4.5   维护职业声誉

1）定义与内涵

维护职业声誉原则是指严格遵守职业准则要求，不得做出有损职业声誉的行为。

2）基本要求

会计人员首先应该维护个人声誉，保证自己的名字不能够被利用、参与或故意提供给有可能会损害职业声誉的业务、声明以及其他行为中；其次应该维护行业声誉，不应做有损职业信誉的事，应承担作为会计协会组织成员应尽的责任和义务，并且做有利于提升职业和协会形象的行为。

6.4.6　公众利益

1）定义与内涵

会计人员在执业过程中应该注重维护公众利益、为公众利益服务、获取公众信任、履行对业界的承诺。

2）基本要求

会计人员应该肩负起社会责任，互相协作、相互服务，把人民群众的需要作为一切工作的出发点和落脚点，树立强烈的服务意识，为管理者服务、为所有者服务、为社会公众服务、为人民服务。同时，应该在职业活动中发扬奉献精神，正确处理好各种利益之间的关系，自觉积极地为社会作贡献。

6.4.7　风险意识

1）定义与内涵

会计人员应该具备必要的风险意识，增强对职业风险环境的判断力，建立风险评估及防范机制，提高应对职业风险的能力。

2）基本要求

面对日益复杂的国际环境，会计人员应该不断增强职业风险意识，提高职业风险应对能力。在实务工作中，会计人员应该建立风险评价及防控机制，根据风险发生的可能性和影响程度评估风险等级，针对重大风险制定风险应对策略及改进措施，积极主动应用会计职业道德概念体系框架，增强职业风险防范能力和应对能力。

7 会计职业道德规范的规则分析

7.1 内容概述

在第3章我们已经指出，会计职业道德规则体系是一套科学完整、思路清晰，且与会计职业道德之要素体系相辅相成的规范。本章我们将详细阐述会计职业道德规范规则体系的具体内容，展示其形成思路与工作方法，并充分体现会计职业道德规则体系与会计职业道德要素体系的对接。

本章的内容主要涵盖以下几个方面：首先，指出会计职业道德体系规则每一具体环节划分的依据，即指出每一具体环节的内涵界定与包含的主要内容；其次，对已有的工作基础进行深入分析，指出规则体系的来源与形成过程；最后，展示会计职业道德规则要求的具体内容，并体现其与原则的对应。

7.2 思路与方法

如前所述，中国会计职业道德规范的具体规则也充分体现了"国际化"与"本土化"的对接，按照流程进行划分，就注册会计师和公司会计分别进行规范。我们以国际会计职业联合会制定的国际会计职业道德守则为基础，并搜集整理了各国会计职业道德规范中的相关内容，将中国特有的规则融入其中，实现中西方文化的充分吸收与融合。中国特有的规则部分我们在第3章已经指出，这里就不再赘述。

我们的工作过程主要有以下三个方面：

（1）规则的搜集。提取国际会计师职业道德守则和各国会计职业道德规范中关于会计工作具体要求的内容，并将中国特有规则部分融入其中。我们将这些内容按工作流程进行划分，并按照注册会计师部分和公司会计部分进行分类，最终注册会计师部分包含十三个环节，公司会计部分包含五个环节，每个环节中又包含若干具体规则。

（2）对已有的规则进行详细解读。我们对已有的规则进行了深刻的解读，首先将国际规则与中国规则按内容拆分为不同的模块，分析每个模块包含的具体内容，其中涉及哪些决策的要点。其次，比较国际规则和中国规则，分析其差异，探究背后的原因。

（3）规则的整合。我们将国际部分的规则和中国部分的规则进行充分比较后，充分考虑各国和中国在制定准则时的具体情况，将其内容进行整理与归纳，总结出最后的规则。我们将形成的规则按照决策要点进行划分，每一具体规则包含一个具体的决策要点，并将每一条具体规则与原则对应，实现规则与原则的对接。

7.3 中国会计职业道德规范的具体规则——注册会计师部分

最终形成的中国会计职业道德规范的具体规则分为两个部分：针对注册会计师的规则与针对公司会计的规则。其中，针对注册会计师的规则一共包括十三个环节，针对公司会计的规则一共包括八个环节。本部分我们展示针对注册会计师部分规则的具体内容与形成过程。

7.3.1 专业服务的营销

1）内涵界定与对应原则

专业服务的营销是指通过广告等公开方式或非公开方式对专业服务进行宣传以吸引消费者或招揽业务。在审计工作中，专业服务的营销环节主要解决注册会计师能否通过广告或其他营销方式招揽业务、可以通过哪些方式招揽业务的问题，这种营销既包含广告这种公开方式的营销，也包括商业洽谈这种非公开方式的营销。对专业服务的营销最大的要求就是：合法合规，不夸张不虚假。营销虽然是招揽业务的手段之一，但应当向客户传递关于自身能力的真实信息，帮助客户做出恰当的选择，而非为了增加业绩不择手段宣传。

专业服务的营销主要涉及维护职业声誉、遵纪守法的原则，在向公众传递信息时，注册会计师应当维护职业声誉，做到真实、客观、得体，并遵守相关法律法规要求，仅通过符合法律规定的营销手段进行广告宣传。专业服务营销规则具体包括五个决策要点：（1）能否通过广告招揽业务；（2）广告的方式和内容；（3）非公开营销时的注意事项；（4）咨询专家；（5）禁止行为。这五个决策要点与维护职业声誉、遵纪守法原则的对应关系见表7-1：

表 7-1 　　　　　　　　**专业服务营销业务的对应原则及决策要点**

对应原则	决策要点
维护职业声誉	（1）能否通过广告招揽业务
维护职业声誉、遵纪守法	（2）广告的方式和内容
维护职业声誉、遵纪守法	（3）非公开营销时的注意事项
维护职业声誉	（4）咨询专家
维护职业声誉、遵纪守法	（5）禁止行为

2）已有规则分析解读

我们在研究已有的会计师职业道德守则时发现，国际会计师职业道德守则规范了专业服务的营销方式，并对营销中的禁止行为给出了明确的界定与划分，同时给出了在无法界定营销合理性情况下的解决方案。我们根据内容将其划分为营销方式、咨询专家、禁止行为三个模块，指出其对应原则，并将具体规则展示在表 7-2 中。其中，营销方式模块解释了广告的方式和内容问题，禁止行为模块规范了营销时的禁止行为，而咨询专家模块则给出了我们在营销合理性无法确定时的解决方法。我们将以上三个模块的内容充分吸收，在中国规则的制定中体现为：广告的方式和内容、咨询专家、禁止行为这三个决策要点。

表 7-2 　　　　　　　　**专业服务营销业务已有规则解读**

对应原则	模块	已有规则
维护职业声誉、遵纪守法	营销方式	注册会计师不得对其能力进行广告宣传以招揽业务，但可以利用媒体刊登设立、合并、分立、解散、迁址、名称变更和招聘员工等信息
维护职业声誉	咨询专家	若对营销是否合理存在疑惑，应咨询有关专家
维护职业声誉、遵纪守法	禁止行为	不得有以下行为：夸大宣传提供的服务、拥有的资质或获得的经验；贬低或无根据地比较其他注册会计师的工作；暗示有能力影响有关主管部门、监管机构或类似机构；作出其他欺骗性的或可能导致误解的声明；采用强迫、欺诈、利诱或骚扰等方式招揽业务

此外，我们发现，仅对公开方式下的广告等营销方式进行规范是远远不够的，例如商业洽谈等非公开方式的营销如果缺乏指引会对注册会计师遵循职业道德产生不当的影响。而现有规则没有对商业洽谈等非公开方式下的营销进行规范，我们应该将非公开方式的营销纳入其中并予以规范，在中国的规则制定中体现为非公开营销时的注意事项这一决策要点。

3）中国规则

在考虑上述因素的情况下，我们从维护职业声誉和遵纪守法原则出发，将专业服务的营销分为（1）能否通过广告招揽业务；（2）广告的方式和内容；（3）非公开营销时的注意事项；（4）咨询专家；（5）禁止行为这五个决策要点，并在内容表述上以国际会计师职业道德守则为蓝本，最终形成中国会计职业道德规则。中国规则如下：

规则行为：

（1）注册会计师可以通过广告等公开方式和洽谈等非公开方式招揽业务；

（2）注册会计师对专业服务的营销范围十分有限，注册会计师不得对其能力进行广告宣传以招揽业务，但可以利用媒体刊登设立、合并、分立、解散、迁址、名称变更和招聘员工等信息；

（3）注册会计师通过商业洽谈等非公开方式进行专业营销时应遵守相关法律法规的要求，不得作出任何有损职业声誉的行为；

（4）若注册会计师对营销是否合理存在疑惑，应咨询有关专家。

禁止行为：

注册会计师在营销专业服务时，不得有下列行为：

（1）夸大宣传提供的服务、拥有的资质或获得的经验；

（2）贬低或无根据地比较其他注册会计师的工作；

（3）暗示有能力影响有关主管部门、监管机构或类似机构；

（4）作出其他欺骗性的或可能导致误解的声明；

（5）采用强迫、欺诈、利诱或骚扰等方式招揽业务；

（6）对其能力进行广告宣传以招揽业务。

7.3.2　接受客户关系

1）内涵界定与对应原则

接受客户关系是指通过洽谈、资格审查等措施决定是否将该客户作为自己的服务对象的过程，这一流程是承接业务前的重要环节，是一项业务的开始，因此需要会计人员对其工作特别关注，防止不当执业行为对职业声誉造成不利影响。在审计工作中，接受客户关系环节主要体现在承接业务前对客户资格进行考察以决定是否接受该客户关系的问题。

在承接客户前，注册会计师应当判断承接该客户是否会对维护职业声誉产生不利影响；如果客户要求提供审计服务，注册会计师还应判断承接该客户是否会影响独立性原则。

接受客户关系规则包括：（1）对客户资格的审查；（2）连续审计时对客户资

格的审查；（3）接受审计业务时对客户资格的审查；（4）禁止行为四个决策要点。规则与基本原则的对应关系如表7-3所示，可以看出承接客户与否与客户的信誉等客户资格有关，而客户资格将对会计人员的独立性等产生影响，进而影响到会计人员自身声誉、事务所声誉乃至整个会计职业的声誉。

表 7-3　　　　　　　　　　接受客户关系业务的对应原则及决策要点

对应原则	决策要点
维护职业声誉	（1）对客户资格的审查
维护职业声誉	（2）连续审计时对客户资格的审查
维护职业声誉、独立	（3）接受审计业务时对客户资格的审查
维护职业声誉	（4）禁止行为

2）已有规则分析解读

我们在研究国际会计师职业道德守则时发现，国际会计师职业道德守则要求在承接业务前对客户资格进行严格审查，包括对客户股东、高管层诚信问题进行考察，客户产生的不利影响应该控制在可接受范围内，否则不应接受该客户关系，并指出连续提供专业服务时应定期持续评价客户关系。中国审计准则没有将接受客户关系作为承接业务前的流程进行专门阐述，而是指出在实施审计过程中对客户是否正直、诚信进行判断。这里我们借鉴了国际会计师职业道德守则的做法，将接受客户关系作为承接业务前的一项流程进行规范，将其内容分为客户资格、连续审计、禁止行为三个模块，分别对应（1）对客户资格的审查；（2）连续审计时对客户资格的审查；（3）禁止行为这三个决策要点，并指出其对应原则。

虽然国际会计师职业道德守则在接受客户关系这一环节上的表述已经较为完备，但是我们仍应看到，注册会计师在承接审计业务和其他业务时对客户资格考察的严格程度应该不同，这一差异有必要在我国的会计职业道德之接受客户关系环节体现。因此，我们将接受审计业务时对客户资格的审查这一要求也体现在接受客户关系规则上。已有规则的对应原则及模块见表7-4：

表 7-4　　　　　　　　　　接受客户关系业务已有规则解读

对应原则	模块	已有规则
维护职业声誉	客户资格	应当考察客户的主要股东、关键管理人员和公司治理层是否诚信，以及客户是否涉足非法活动（如洗钱）或存在可疑的财务报告问题等
维护职业声誉	连续审计	如果向同一客户连续提供专业服务，应当定期评价继续保持客户关系是否适当
维护职业声誉	禁止行为	若不能将客户存在的问题产生的不利影响降低至可接受的水平，应当拒绝接受客户关系

3）中国规则

综合以上各方面因素，我们从维护职业声誉和独立性这两大原则出发，将接受客户关系这一环节从（1）对客户资格的审查；（2）连续审计时对客户资格的审查；（3）接受审计业务时对客户资格的审查；（4）禁止行为这四个决策要点上进行规范，并在国际会计师职业道德守则的基础上进行归纳总结，形成中国特有的会计职业道德规范。具体规则如下：

规则：

（1）在承接业务前，注册会计师应当考察承接该客户是否会对遵守会计职业道德产生不利影响。考察的内容包括：客户的主要股东、关键管理人员和公司治理层是否诚信；客户是否涉足非法活动（如洗钱）或存在可疑的财务报告问题等。

（2）在接受审计业务时，注册会计师还应评价接受该客户是否会影响独立性的遵守，对客户关系的考察应该比接受非审计业务时更加严格，包括检查是否与客户的主要股东、管理层等存在利益冲突等。

禁止行为：

注册会计师应该将客户产生的不利影响控制在可接受的水平，否则应当拒绝接受客户关系。

7.3.3 承接业务

1）内涵界定与对应原则

承接业务是指接受客户委托并就业务具体条款与客户达成一致约定的过程。承接业务需要考虑多方面的影响因素，如会计人员的胜任能力、客户提出的条件是否合理、审计条款约定变更情况是否合理等。在决定是否承接业务时，会计人员应保持谨慎态度，多方面考察业务情况和客户情况；在承接业务后，会计人员应当独立、尽责；在审计工作过程中，承接业务环节主要体现在注册会计师应判断是否具备承接该业务的能力、承接业务的前提条件是否存在，并与管理层达成一致意见这几个方面。

注册会计师应遵循专业胜任的原则，仅向客户提供能够胜任的专业服务，并且承接业务前，注册会计师应当判断审计的前提条件是否存在以及管理层是否就审计约定条款与注册会计师达成一致意见，如果审计的前提条件不存在，注册会计师应与管理层沟通。根据以上分析，我们认为承接业务环节应至少包括这八个决策要点：（1）是否胜任该业务；（2）是否需要借助外部专家；（3）审计的前提条件；（4）财务报表编制基础不可接受的情况；（5）客户要求保证程度变更情况；（6）审计业务条款约定变更情况；（7）解除约定情况；（8）禁止行为。这八个决策要点都要求在专业胜任的基本原则的指导下制定会计具体规范，进行会计活动，显然该流程的具体规则都是围绕专业胜任原则展开的。对应关系见表7-5：

表7-5   承接业务对应原则及决策要点

对应原则	决策要点
专业胜任	（1）是否胜任该业务
专业胜任	（2）是否需要借助外部专家
专业胜任	（3）审计的前提条件
专业胜任	（4）财务报表编制基础不可接受的情况
专业胜任	（5）客户要求保证程度变更情况
专业胜任	（6）审计业务条款约定变更情况
专业胜任	（7）解除约定情况
专业胜任	（8）禁止行为

2）已有规则分析解读

承接业务流程主要规范了承接业务的一系列前提条件，该流程在国际会计师职业道德守则和中国注册会计师审计准则中均有提及。其中，国际会计师职业道德守则主要侧重对会计人员的专业胜任能力的要求，指出专业能力是承接业务的基本前提，并指出在需要借助专家进行工作时也要对专家的能力进行综合考察。《中国注册会计师审计准则第1111号——就审计业务约定条款达成一致意见》中则强调审计前提条件存在且注册会计师与管理层就审计业务约定条款达成一致意见是承接业务的前提，而对会计人员的胜任能力则在《中国注册会计师审计准则第1121号——对财务报表审计实施的质量控制》中提及。中国注册会计师审计准则第1111号详细规定了审计的基本前提，要求注册会计师应与管理层达成一致意见，并就审计业务约定变更情形、财务报表编制基础不可接受的情形、保证程度变更情形下注册会计师的责任进行了详细的阐述，此外，审计准则指出解除约定时的具体做法，并规范了不应承接的业务的范围。

鉴于国际会计师职业道德守则和中国注册会计师审计准则中对该环节的表述已经非常完备，我们不再对其进行补充，而是充分吸收与借鉴国际准则与审计准则中的相关内容。我们将中国与国际相关规则按内容进行分类，分为：胜任能力、专家资格、审计的前提、财务报表编制基础、保证程度变更、审计业务约定变更、解除约定、禁止行为八个模块，分别对应上述八个决策要点，并通过归纳总结得到中国会计职业道德相关规则。中国与国际相关规则见表7-6：

表7-6 承接业务已有规则解读

模块	中国规则	国际规则
胜任能力		应考察项目组是否具备或获得执行该业务所必需的胜任能力
专家资格		当需要借助专家时，应当考虑专家的声望、专长及其可获得的资源，并综合考虑适用的执业准则和职业道德规范等，以确定专家的工作结果是否值得信赖
审计的前提	为了确定审计的前提条件是否存在，注册会计师应当：①确定管理层在编制财务报表时采用的财务报告编制基础是否是可接受的；②就管理层认可并理解其责任与管理层达成一致意见	
财务报表编制基础	若管理层的财报编制基础不可接受，只有在财务报表进行了额外披露且在审计意见中增加了恰当强调事项段时才能承接该业务。如不符合上述规定但相关部门要求承接该项业务，应评价财务报表误导的性质对审计报告的影响；在审计业务约定条款中适当提及该事项	
保证程度变更	在完成审计业务前，如果被审计单位或委托人要求，应当确定是否存在合理理由将审计业务变更为保证程度较低的业务	
审计业务约定变更	如果审计业务约定条款发生变更，应当与管理层就新的业务约定条款达成一致意见并进行适当的书面记录；如果注册会计师不同意变更审计业务约定条款，而管理层又不允许继续执行原审计业务，应当在法律法规允许的情况下解除审计约定并确定是否有约定义务或其他义务向治理层、所有者或监管机构等报告该事项	
解除约定	如果决定解除业务约定，应当采取下列措施：①与相关管理层和治理层讨论解除业务约定的决定和理由；②考虑是否存在职业责任或法律责任，包括需要向审计业务委托人或监管机构报告解除业务约定的决定和理由	
禁止行为	下列情况下不应承接拟议审计业务，法律法规另有规定除外：①注册会计师确定被审计单位采用的财务报表编制基础不可接受；②注册会计师未能与管理层达成一致意见；③管理层或治理层在审计业务约定条款中对审计工作的范围施加限制以致无法对财务报表发表意见	

3）中国规则

在充分吸收国际准则和中国审计准则的基础上，我们从专业胜任原则出发，将承接业务环节分为以下八个决策要点：（1）是否胜任该业务；（2）是否需要借助外部专家；（3）审计的前提条件；（4）财务报表编制基础不可接受的情况；（5）客户要求保证程度变更情况；（6）审计业务条款约定变更情况；（7）解除约定情况；（8）禁止行为。由以上八个决策要点扩展补充，写成中国规则部分如下：

规则：

（1）注册会计师应遵循专业胜任的原则，仅向客户提供能够胜任的专业服务。在承接某一客户业务前，注册会计师应当确定承接该业务是否对职业道德基本原则产生不利影响。

（2）如果审计工作中需要借助专家，注册会计师应当考虑专家的声望、专长及其可获得的资源，并综合考虑适用的执业准则和职业道德规范等，以确定专家的工作结果是否值得信赖。

（3）为了确定审计的前提条件是否存在，注册会计师应当：①确定管理层在编制财务报表时采用的财务报告编制基础是否是可接受的；②就管理层认可并理解其责任与管理层达成一致意见。

（4）如果管理层的财务报表编制基础不可接受，只有在财务报表进行了额外披露且注册会计师在审计意见中增加了恰当强调事项段的情况下注册会计师才能承接该业务。如果不符合上述规定但相关部门要求注册会计师承接该项审计业务，注册会计师应当：

①评价财务报表误导的性质对审计报告的影响。

②在审计业务约定条款中适当提及该事项。

（5）在完成审计业务前，如果被审计单位或委托人要求，注册会计师应当确定是否存在合理理由将审计业务变更为保证程度较低的业务。

（6）如果审计业务约定条款发生变更，注册会计师应当与管理层就新的业务约定条款达成一致意见并进行适当的书面记录。

注册会计师不应同意不合理地变更审计业务约定条款。如果注册会计师不同意变更审计业务约定条款，而管理层又不允许继续执行原审计业务，注册会计师应当在法律法规允许的情况下解除审计约定并确定是否有约定义务或其他义务向治理层、所有者或监管机构等报告该事项。

（7）如果决定解除业务约定，注册会计师应当采取下列措施：

①与相关管理层和治理层讨论解除业务约定的决定和理由。

②考虑是否存在职业责任或法律责任，包括需要向审计业务委托人或监管机

构报告解除业务约定的决定和理由。

（8）如果管理层或治理层在审计业务约定条款中对审计工作的范围施加限制，以致注册会计师认为这种限制将导致其对财务报表发表无法表示意见，注册会计师不应将该项业务作为审计业务予以承接，除非法律法规另有规定。

禁止行为：

在下列情况下，除非法律法规另有规定，注册会计师不应承接拟议的审计业务：

①注册会计师确定被审计单位采用的财务报表编制基础不可接受。

②注册会计师未能与管理层达成一致意见。

7.3.4　客户委托变更

1）内涵界定与对应原则

客户委托变更是指客户原有委托业务条款发生变更，包括委托业务的具体内容变更、委托业务执行方式变更或受托方变更等情况。在具体的审计工作中，该环节主要强调客户在更换注册会计师时前任注册会计师和后任注册会计师的责任及需要特别注意的事项，包括及时沟通并对沟通中获知的信息保密等内容。

注册会计师应客户要求或考虑以投标方式接替前任注册会计师，可能对专业胜任原则、保密原则产生不利影响。注册会计师应从专业或其他角度判断是否承接该业务。客户委托变更环节包括：（1）后任注册会计师核实客户委托变更真实原因；（2）后任注册会计师与前任注册会计师沟通；（3）前任注册会计师在沟通中的责任；（4）后任注册会计师需要查看前任注册会计师工作底稿的情形；（5）委托变更前现有注册会计师和下任注册会计师责任。这五个决策要点都要求在专业胜任基本原则的指导下制定具体规则，强调会计人员的专业性，其中（2）后任注册会计师与前任注册会计师沟通、（3）前任注册会计师在沟通中的责任、（4）后任注册会计师需要查看前任注册会计师工作底稿的情形这三点对会计人员的保密原则加以关注，要求会计人员在委托变更的前、中、后期都要保持信息的隐秘性，不能以此不当得利或另作他用。规则与基本原则对应关系见表7-7：

表7-7　　　　　　**客户委托变更业务对应原则及决策要点**

对应原则	决策要点
专业胜任	（1）后任注册会计师核实客户委托变更真实原因
专业胜任、保密	（2）后任注册会计师与前任注册会计师沟通
专业胜任、保密	（3）前任注册会计师在沟通中的责任
专业胜任、保密	（4）后任注册会计师需要查看前任注册会计师工作底稿的情形
专业胜任	（5）委托变更前现有注册会计师和下任注册会计师责任

2）已有规则分析解读

客户委托变更内容在国际会计师职业道德守则和中国注册会计师审计准则中均有涉及，总的来看，国际准则相关规则与中国审计准则中表述的核心理念大体一致，只是在表述上有细微差异。为了更清晰地展现国际规则与中国规则中的差异，我们把国际规则和中国规则按内容分为：前任注册会计师的责任、后任注册会计师的责任、委托变更前现有注册会计师和下任注册会计师责任这三个模块进行阐述。

在该部分的表述中，《中国注册会计师审计准则第1153号——前任注册会计师和后任注册会计师的沟通》中对后任注册会计师的责任规定更加具体，指出后任注册会计师也应履行保密原则，后任注册会计师的询问应当合理、具体以及后任注册会计师应当将沟通情况记录于工作底稿。而国际会计师职业道德守则也指出前任注册会计师提供信息时应该实事求是、清晰明了，其余部分中国审计准则与国际会计师职业道德守则理念几乎一致，只是表述上有细微差异。

我们发现，中国规则和国际规则的核心部分主要集中在以下几点：（1）后任注册会计师核实客户委托变更真实原因；（2）后任注册会计师与前任注册会计师沟通；（3）前任注册会计师在沟通中的责任；（4）后任注册会计师需要查看前任注册会计师工作底稿的情形。我们将以上四点作为决策要点，包含在中国会计职业道德规则中。此外，法国会计师职业道德守则中提及在委托变更之前，现任注册会计师和被推荐会计师具体需要履行哪些责任，我们也将其归入客户委托变更流程，并体现在（5）委托变更前现有注册会计师和下任注册会计师责任这一决策要点上。

中国与国际相关规则对比见表7-8：

表7-8　　　　　　　　　　　客户委托变更业务已有规则解读

模块	中国规则	国际规则
前任注册会计师的职责	（1）前任注册会计师应当对沟通过程中获知的信息保密。 （2）在征得被审计单位书面同意后，前任注册会计师应当根据所了解的事实，对后任注册会计师的合理询问及时作出充分答复；如果受到被审计单位的限制或存在法律诉讼的顾虑，决定不向后任注册会计师作出充分答复，前任注册会计师应当向后任注册会计师表明其答复是有限的，并说明原因。 （3）在征得被审计单位同意后，前任注册会计师应当根据情况确定是否允许后任注册会计师查阅相关审计工作底稿以及查阅的内容	（1）前任注册会计师应当遵循保密原则。 （2）前任注册会计师是否可以或必须与后任注册会计师讨论客户的相关事务，取决于业务的性质、是否征得客户同意，以及法律法规或职业道德规范的有关要求。 （3）在提供信息时，应当实事求是、清晰明了。 （4）在征得被审计单位同意后，前任注册会计师应当根据情况确定是否允许后任注册会计师查阅相关审计工作底稿以及查阅的内容

模块	中国规则	国际规则
后任注册会计师的责任	（1）在接受委托前，后任注册会计师应当与前任注册会计师进行必要沟通，并对沟通结果进行评价，以确定是否接受委托。 （2）后任注册会计师应当提请被审计单位以书面方式同意前任注册会计师对其询问作出充分答复。如果被审计单位不同意前任注册会计师作出答复，或限制答复的范围，后任注册会计师应当向被审计单位询问原因，并考虑是否接受委托。 （3）后任注册会计师向前任注册会计师询问的内容应当合理、具体。 （4）接受委托后，如果需要查阅前任注册会计师的审计工作底稿，后任注册会计师应当征得被审计单位同意，并与前任注册会计师进行沟通。 （5）后任注册会计师应当对沟通过程中获知的信息保密。 （6）后任注册会计师应当将沟通的情况记录于审计工作底稿	（1）由于客户变更委托的表面理由可能并未完全反映事实真相，根据业务性质，注册会计师可能需要与前任注册会计师直接沟通，核实与变更委托相关的事实和情况，以确定是否适宜承接该业务。 （2）注册会计师在与前任注册会计师沟通前，应当征得客户的同意，最好征得客户的书面同意。如果不能与前任注册会计师沟通，注册会计师应当采取适当措施，通过询问第三方或调查客户的高级管理人员、治理层的背景等方式，获取有关对职业道德基本原则产生不利影响的信息。 （3）将拟承担的工作告知前任注册会计师，提请其提供相关信息，以便恰当地完成该项工作
委托变更前现有注册会计师和下任注册会计师责任		若现有注册会计师认为存在需要未来注册会计师加以关注的事项，应详细说明这些事项的细节和本质；如果认为不存在这些事项，应当书面阐明。被推荐的会计师应要求客户书面通知其现有的注册会计师：① 告知其雇佣变更。② 允许现有注册会计师和被推荐注册会计师讨论客户事务

3）中国规则

在综合考虑上述因素的基础上，我们以专业胜任原则、保密原则作为出发点，将客户委托变更分为：（1）后任注册会计师核实客户委托变更真实原因；（2）后任注册会计师与前任注册会计师沟通；（3）前任注册会计师在沟通中的责任；（4）后任注册会计师需要查看前任注册会计师工作底稿的情形；（5）委托变更前现有注册会计师和下任注册会计师责任这五个决策要点，在内容的表述上，我们反复推敲国际规则与中国审计准则的表述差异，在归纳总结的基础上不断斟酌，最终得出中国会计职业道德准则之相关规则。中国规则如下：

规则：

（1）注册会计师应客户要求或考虑以投标方式接替前任注册会计师，可能对会计职业道德产生不利影响。注册会计师应从专业或其他角度判断是否承接该业务。

（2）由于客户变更委托的表面理由可能并未完全反映事实真相，根据业务性质，注册会计师可能需要与前任注册会计师直接沟通，核实与变更委托相关的事实和情况，以确定是否适宜承接该业务。

（3）注册会计师在与前任注册会计师沟通前，应当征得客户的同意，最好取得客户的书面同意。如果不能与前任注册会计师沟通，注册会计师应当采取适当措施，通过询问第三方或调查客户的高级管理人员、治理层的背景等方式，获取有关信息。后任注册会计师向前任注册会计师询问的内容应当合理、具体；应当对沟通过程中获知的信息保密；应当将沟通的情况记录于审计工作底稿。

（4）前任注册会计师应当遵循保密原则。在征得被审计单位书面同意后，应当根据所了解的事实，对后任注册会计师的合理询问及时作出充分答复，如果受到被审计单位的限制或存在法律诉讼的顾虑，应当向后任注册会计师表明其答复是有限的，并说明原因。在征得被审计单位同意后，前任注册会计师应当根据情况确定是否允许后任注册会计师查阅相关审计工作底稿以及查阅的内容。前任注册会计师在提供信息时，应当实事求是、清晰明了。

（5）接受委托后，如果需要查阅前任注册会计师的审计工作底稿，后任注册会计师应当征得被审计单位同意，并与前任注册会计师进行沟通。在征得被审计单位同意后，前任注册会计师应当根据情况确定是否允许后任注册会计师查阅相关审计工作底稿以及查阅的内容。

（6）如果现有注册会计师认为存在需要未来注册会计师加以关注的事项，现有注册会计师应准备好详细说明这些事项的细节和本质；如果现有注册会计师认为不存在未来注册会计师加以关注的事项，现有注册会计师应当书面阐明这一事实。

被推荐的注册会计师应要求客户书面通知其现有的注册会计师：

①告知其雇佣变更。

②允许现有注册会计师和被推荐注册会计师讨论客户事务。

7.3.5　服务定价

1）内涵界定及对应原则

服务定价是指对产品或服务的性质、内容以及业务开展难易程度、市场因素等进行综合考量后决定产品或服务价格的过程。体现在审计工作中，该环节主要涉及事务所在对专业服务定价时应考虑的因素，包括介绍费、佣金、或有收费等服务报酬如何定价。

专业服务定价要求会计人员在定价时客观公正，不虚增价格也不乱压价来扰乱行业秩序，也要求会计人员保持独立判断，不受利益影响，也不受他人因素影响注册会计师对客观原则、独立性原则的遵循，此外服务定价时应该充分考虑注册会计师的专业胜任能力。服务定价环节应该至少包括：（1）服务定价时的考虑因素；（2）收费较低的情况；（3）或有收费情况；（4）禁止行为这四个决策要点。各决策要点与基本原则的对应关系见表7-9：

表7-9　　　　　　　　　服务定价对应原则及决策要点

对应原则	决策要点
客观、专业胜任	（1）服务定价时的考虑因素
专业胜任	（2）收费较低的情况
客观、独立性	（3）或有收费情况
客观、独立性	（4）禁止行为

2）已有规则分析解读

服务定价原则是国际会计师职业道德守则中事务所层面涉及的规则，主要解决事务所的服务定价问题。在该流程的阐述中，国际准则介绍了定价时的考虑因素、收费较低的情况以及或有收费可能带来的问题，并明确规定不得向客户支付服务介绍费、不得收取介绍费与佣金等，以保证事务所的客观和独立性原则不受侵害。我们将国际相关规则按内容进行分类，分为定价的考虑因素、收费较低的情况、或有收费、禁止行为四个模块，并指出模块对应原则。

国际规则部分对于事务所的服务定价规则的表述较为完备，内容上我们不做补充，将其四个模块分别对应上述四个决策要点：（1）服务定价时的考虑因素；（2）收费较低的情况；（3）或有收费情况；（4）禁止行为，并在表述过程中对国际规则进行归纳与总结，得出中国相关规则，具体内容见表7-10：

表7-10　　　　　　　　　服务定价已有规则解读

对应原则	模块	已有规则
客观、专业胜任	定价的考虑因素	事务所在确定收费时应当主要考虑下列因素：①专业服务所需的知识和技能；②所需专业人员的水平和经验；③各级别专业人员提供服务所需的时间；④提供专业服务所需承担的责任；⑤在专业服务得到良好的计划、监督及管理的前提下，收费通常以每一专业人员适当的小时收费标准或日收费标准为基础计算

对应原则	模块	已有规则
专业胜任	收费较低的情况	收费报价过低可能导致难以按照执业准则和职业道德规范的要求执行业务。如果收费报价明显低于前任注册会计师或其他会计师事务所的相应报价，事务所应当确保：①在提供专业服务时，遵守执业准则和职业道德规范的要求，使工作质量不受损害；②客户了解专业服务的范围和收费基础
独立、客观	或有收费	或有收费可能对职业道德基本原则产生不利影响。不利影响存在与否及其严重程度取决于下列因素：①业务的性质；②可能的收费金额区间；③确定收费的基础；④是否由独立第三方复核交易和提供服务的结果
独立、客观	禁止行为	不得向客户或其他方支付业务介绍费；除法律法规允许外，注册会计师不得以或有收费方式提供鉴证服务，收费与否或收费多少不得以鉴证工作结果或实现特定目的为条件；不得收取与客户相关的介绍费或佣金

3）中国规则

以国际会计师职业道德守则为基础，以客观、独立性、专业胜任原则作为出发点，我们将服务定价原则概括为：（1）服务定价时的考虑因素；（2）收费较低的情况；（3）或有收费情况；（4）禁止行为这四个决策要点，归纳总结出中国会计职业道德相关规则。中国相关规则如下：

规则行为：

（1）会计师事务所在确定收费时应当主要考虑下列因素：

①专业服务所需的知识和技能；

②所需专业人员的水平和经验；

③各级别专业人员提供服务所需的时间；

④提供专业服务所需承担的责任；

⑤在专业服务得到良好的计划、监督及管理的前提下，收费通常以每一专业人员适当的小时收费标准或日收费标准为基础计算。

（2）收费报价明显低于前任注册会计师或其他会计师事务所的相应报价的情况下，注册会计师可能难以按照执业准则和职业道德规范的要求执行业务，这会对胜任能力原则产生不利影响。这种情况下会计师事务所应当确保：①提供专业服务时遵守执业准则和职业道德规范的要求，使工作质量不受损害；②客户了解专业服务的范围和收费基础。

（3）或有收费可能对职业道德基本原则产生不利影响。不利影响存在与否及其严重程度取决于下列因素：①业务的性质；②可能的收费金额区间；③确定收费的基础；④是否由独立第三方复核交易和提供服务的结果。

除法律法规允许外，注册会计师不得以或有收费方式提供鉴证服务，收费与否或收费多少不得以鉴证工作结果或实现特定目的为条件。

禁止行为：

（1）注册会计师不得向客户或其他方支付业务介绍费。

（2）注册会计师不得收取与客户相关的介绍费或佣金。

7.3.6 客户资产托管

1）内涵界定与对应原则

客户资产托管是指接受客户资产托管的委托并对客户资产进行保管、记录及将结果反馈给客户的过程。在审计工作中，客户资产托管流程主要涉及会计师事务所应客户要求提供资产托管服务时的问题，包括能否承接该业务和在客户资产托管时的具体责任等规定。除非法律法规允许或要求，否则注册会计师不得提供保管客户资金或其他资产的服务。如果注册会计师保管客户资金或其他资产，应当履行相应的法定义务。

保管客户资金或其他资产可能对职业道德基本原则产生不利影响，尤其可能对客观原则和遵纪守法原则产生不利影响。因为保管客户资产要求会计人员尽职履责，不得将客户资产用于不当谋利或在其不知情情况下用于其他用途。从客观原则和遵纪守法原则出发，客户资产托管应该至少包含以下几个决策要点：（1）能否承接该类业务；（2）对客户关系及资产进行审查；（3）资产托管时的具体责任。其中，能否承接该业务解决是否合规的问题，对客户关系及资产进行审查是承接该服务的前提，而资产托管时的具体责任则解释注册会计师在资产托管时的具体职责。这三个决策要点都要求在客观和遵纪守法两大基本原则的指导下制定会计具体规则，从事会计工作。对应关系见表7-11：

表7-11　　　　　　　客户资产托管对应原则及决策要点

对应原则	决策要点
客观、遵纪守法	（1）能否承接该类业务
客观、遵纪守法	（2）对客户关系及资产进行审查
客观、遵纪守法	（3）资产托管时的具体责任

2）已有规则分析解读

客户资产托管是国际会计师职业道德守则中的事务所层面的流程，主要解决事务所应客户要求提供资产托管服务的问题。国际会计师职业道德守则中对客户资产托管的规定主要集中在以下两个方面：资产托管时的具体责任、对客户资产的来源进行审查。因此我们将其内容也按照以上两个方面划分为两个模块：资产托管责任和对资产的审查，其中，资产托管时的具体责任模块对应上述（3）资产托管时的具体责任决策点，而对客户资产的来源进行审查模块则对应（2）对客户关系及资产进行审查要点。

国际会计师职业道德守则口对于事务所承接客户资产托管服务的规定较为全面，但是其没有直接表明事务所是否应该承接该类服务，我们将其予以改进，明确指出除非法律法规允许或要求，否则注册会计师不得提供保管客户资金或其他资产的服务，对应（1）能否承接该类业务这一决策要素。国际相关规则见表7-12：

表7-12   客户资产托管已有规则解读

对应原则	模块	国际规则
客观、遵纪守法	对资产的审查	若某项业务涉及客户资产托管，应根据有关接受与保持客户关系和具体业务政策的要求，适当询问资产的来源，并考虑应当履行的法定义务。如果客户资金或其他资产来源于非法活动（如洗钱），注册会计师不得提供保管资产服务，并应当向法律顾问征询进一步的意见
客观、遵纪守法	资产托管责任	客户资产托管应当符合下列要求：①将客户资金或其他资产与其个人或会计师事务所的资产分开；②仅按照预定用途使用客户资金或其他资产；③随时准备向相关人员报告资产状况及产生的收入、红利或利得；④遵守客户资产托管相关的法律法规

3）中国规则

综合上述所有因素，我们以客观、遵纪守法原则作为出发点，将客户资产托管分为：（1）能否承接该类业务；（2）对客户关系及资产进行审查；（3）资产托管时的具体责任三个决策要点。并在表述相关规则时以国际会计师职业道德守则为蓝本，在归纳整理的基础上最终形成中国会计职业道德之客户资产托管规则。具体规则如下：

规则：

（1）保管客户资金或其他资产可能对职业道德基本原则产生不利影响，尤其可能对客观原则和遵纪守法原则产生不利影响。除非法律法规允许或要求，否则注册会计师不得提供保管客户资金或其他资产的服务。

（2）如果某项业务涉及客户资产托管，注册会计师应当根据有关接受与保持客户关系和具体业务政策的要求，适当询问资产的来源，并考虑应当履行的法定义务。如果客户资金或其他资产来源于非法活动（如洗钱），注册会计师不得提供保管资产服务，并应当向法律顾问征询进一步的意见。

（3）如果注册会计师保管客户资金或其他资产，应当符合下列要求：

①将客户资金或其他资产与其个人或会计师事务所的资产分开；

②仅按照预定用途使用客户资金或其他资产；

③随时准备向相关人员报告资产状况及产生的收入、红利或利得；

④遵守客户资产托管相关的法律法规。

7.3.7 审计计划

1）内涵界定与对应原则

审计计划是审计过程的具体环节，是指注册会计师开展计划审计工作，制定总体审计策略和具体审计计划，使审计工作以有效的方式得到执行。注册会计师承接审计业务后，应该对审计工作进行计划，这是进一步开展审计业务的基础与前提，审计计划影响后续审计工作的顺利执行。

审计计划工作的质量受到注册会计师专业胜任能力的影响。我们以专业胜任能力为出发点，将审计计划分为以下四个要点：（1）制定总体审计策略；（2）具体审计计划内容；（3）审计计划调整与更新；（4）选择项目组成员的标准。其中，制定总体审计策略和具体审计计划是进一步审计工作的基础，审计计划调整与更新则强调审计计划是一个动态持续的过程，选择项目组成员的标准要点则指出对审计项目组成员工作方法的规范。上述四个决策要点与专业胜任原则的对应关系见表7-13：

表7-13　　　　　　　　审计计划对应原则及决策要点

对应原则	决策要点
专业胜任	（1）制定总体审计策略
专业胜任	（2）具体审计计划内容
专业胜任	（3）审计计划调整与更新
专业胜任	（4）选择项目组成员的标准

2）已有规则分析解读

审计计划这一工作流程在德国审计师职业道德准则和中国审计准则中均有提及。其中，《中国注册会计师审计准则第1201号——计划审计工作》中要求会计师应该制定总体审计策略与具体审计计划，并对审计计划持续更新与修改，也提出了与项目组成员的协作。德国审计师职业道德准则中则侧重要求审计小组成员进行监督与考核。我们将中国与国际相关规则按内容进行分类，分为：总体策略、具体审计计划、更新与修改、项目组成员四个模块，分别与上述（1）制定总体审计策略；（2）具体审计计划内容；（3）审计计划调整与更新；（4）选择项目组成员的标准这四个决策要点对应。

在内容表述上，中国审计准则已经较为完备，我们将其作为基础，并在选择项目组成员的标准这一决策上补充德国部分内容，力求做到内容翔实，层次分明。我们将中国规则与国际规则按照内容模块列示在表7-14中，方便读者观察其异同之处。

表7-14　　　　　　　　　　　审计计划已有规则解读

模块	中国规则	国际规则
总体策略	应当制定总体审计策略，以确定审计工作的范围、时间安排和方向，并制定相应计划以指导、监督、复核项目组成员工作	
具体审计计划	应当制订具体审计计划。具体审计计划应当包括下列内容：计划实施的风险评估程序的性质、时间安排和范围；在认定层次计划实施的进一步审计程序的性质、时间安排和范围；根据审计准则的规定，计划应当实施的其他审计程序	
更新与修改	在审计过程中，应当在必要时对总体审计策略和具体审计计划作出更新和修改	
项目组成员	项目合伙人和项目组其他关键成员应当参与计划审计工作，包括参与项目组成员的讨论	在选择项目组成员时，必须考察他们是否有足够的实践经验，是否了解专业规则，是否有必要的行业知识和理解质量控制系统，并持续关注他们的行为

3）中国规则

综合以上因素，我们以专业胜任能力为出发点，将审计计划分为以下四个要点：（1）确保审计工作有效性；（2）具体审计计划内容；（3）审计计划调整与更新；（4）选择项目组成员的标准。在表述时，我们以中国审计准则为基础，并参考了德国审计师职业道德准则的相关规则，将中国规则拟写如下：

规则：

（1）注册会计师应该进行计划审计工作，以使审计工作以有效的方式得到执行。注册会计师应当制定总体审计策略，以确定审计工作的范围、时间安排和方向，并制订相应计划以指导、监督、复核项目组成员工作。

（2）注册会计师应当制订具体审计计划。具体审计计划应当包括下列内容：计划实施的风险评估程序的性质、时间安排和范围；在认定层次计划实施的进一步审计程序的性质、时间安排和范围；根据审计准则的规定，计划实施的其他审计程序。

（3）在审计过程中，注册会计师应当在必要时对总体审计策略和具体审计计划作出更新和修改。

（4）在选择项目组成员时，必须考察他们是否有足够的实践经验，是否了解专业规则，是否具有必要的行业知识和理解质量控制系统，并持续关注他们的行为。项目合伙人和项目组其他关键成员应当参与计划审计工作，包括参与项目组成员的讨论。

7.3.8　实施审计

1）内涵界定与对应原则

实施审计是指注册会计师实施具体的审计程序开展审计工作的过程，具体涉及注册会计师应当根据具体情况设计和实施恰当的审计程序，获取充分、适当的审计证据，以及根据实际情况追加审计程序等过程，是若干审计过程的集合概念。

实施审计受到专业胜任能力的限制，并可能会对客观性原则产生不利影响。实施审计环节应当至少包括四个决策要点：（1）保障审计信息可靠与相关；（2）需要修改或追加审计程序的情况；（3）审计指示手段的内容；（4）前后任注册会计师的沟通。这四个要点都会对注册会计师遵循客观、专业胜任原则产生影响。其中，保障审计信息可靠与相关是对审计信息的质量要求；需要修改或追加审计程序的情况指出影响审计程序的因素；审计指示手段要点主要说明指示手段的作用；前后任注册会计师的沟通要求注册会计师在接受业务委托后，为获取相关信息与前任注册会计师沟通时的注意事项。以上四个决策要点与专业胜任原则、客观性原则的对应关系见表7-15：

表7-15　　　　　　　　　　　实施审计环节对应原则及决策要点

对应原则	决策要点
专业胜任、客观	保障审计信息可靠与相关
专业胜任、客观	需要修改或追加审计程序的情况
专业胜任、客观	审计指示手段的内容
专业胜任、客观	前后任注册会计师的沟通

2）已有规则分析解读

实施审计环节是我们在总结中国审计准则流程的基础上产生的新的流程，主要解释注册会计师在实施审计程序时的具体问题。该流程涉及审计准则中的若干环节，我们对其进行了提炼，保留了较为重要的几点规则。主要包括：保障审计信息可靠与相关、实施具体审计程序时的考虑、前后任注册会计师的沟通三个方面。同时，我们在研究德国审计师职业道德时发现其对实施审计时的审计指示手段进行了规定，我们也将其纳入实施审计流程中。

我们将中国与国际相关规则按内容进行分类：保障审计信息可靠与相关、审计程序、审计指示手段、前后任注册会计师的沟通，分别对应上述四个决策要点。我们通过比较、总结得出最终规则。中国与国际相关规则见表7-16：

表7-16　　　　　　　　　　　　实施审计环节已有规则解读

模块	中国规则	国际规则
保障审计信息可靠与相关	在设计和实施审计程序时，应当考虑用作审计证据的信息的相关性和可靠性；在使用被审计单位生成的信息时，注册会计师应当评价该信息对实现审计目的是否足够可靠，包括根据具体情况在必要时实施下列程序：①获取有关信息准确性和完整性的审计证据；②评价信息对实现审计目的是否足够准确和详细	
审计程序	在设计控制测试和细节测试时，注册会计师应当确定选取测试项目的方法，以有效实现审计程序的目的。若存在下列情形，应当确定需要修改或追加哪些审计程序予以解决，并考虑该情形对审计其他方面的影响：①从某一来源获取的审计证据与从另一来源获取的不一致；②对用作审计证据的信息的可靠性存有疑虑	
审计指示手段		应通过审计指示帮助他们的组员熟悉业务；这些审计指示应该能够确保审计工作顺利进行，在工作底稿中充分有序地记录工作流程、发布有条理的审计意见；要监督审计指示被执行的情况
前后任注册会计师的沟通	接受委托后，如需要查阅前任注册会计师的审计工作底稿，后任注册会计师应当征得被审计单位同意，并与前任注册会计师进行沟通。在必要时与前任注册会计师就对审计有重大影响的事项进行沟通，以获取必要的审计证据	

3）中国规则

综合考虑以上因素，从遵循客观性原则角度出发，我们认为实施审计环节应当包括以下要点：（1）获取的审计证据的质量标准；（2）需要修改或追加审计程序的情况；（3）审计指示手段的内容；（4）前后任注册会计师的沟通。在研究中国规则时，我们参考了德国的相关规则，现将中国规则拟写如下：

（1）在设计和实施审计程序时，注册会计师应当考虑用作审计证据的信息的相关性和可靠性；在使用被审计单位生成的信息时，注册会计师应当评价该信息对实现审计目的是否足够可靠，包括根据具体情况在必要时实施下列程序：

①获取有关信息准确性和完整性的审计证据；

②评价信息对实现审计目的是否足够准确和详细。

（2）在设计控制测试和细节测试时，注册会计师应当确定选取测试项目的方法，以有效实现审计程序的目的。

如果存在下列情形之一，注册会计师应当确定需要修改或追加哪些审计程序予以解决，并考虑存在的情形对审计其他方面的影响：

①从某一来源获取的审计证据与从另一来源获取的不一致；

②注册会计师对用作审计证据的信息的可靠性存有疑虑。

（3）审计人员应该通过审计指示手段帮助他们的组员熟悉他们的任务；这些审计指示应该能够确保审计工作顺利进行，审计流程能够在工作底稿中充分、有序地记录，发布有条理的审计意见；要监督审计指示被执行的情况。

（4）接受委托后，如果需要查阅前任注册会计师的审计工作底稿，后任注册会计师应当征得被审计单位同意，并与前任注册会计师进行沟通。后任注册会计师在必要时与前任注册会计师就对审计有重大影响的事项进行沟通，以获取必要的审计证据。

7.3.9 形成工作底稿

1）内涵界定与对应原则

形成工作底稿是指将工作过程中的重要环节、重要事项以一定方式记录下来，作为后续工作开展的基础和证据的过程。注册会计师应该保持专业胜任能力，并且保持谨慎的态度编制工作底稿，以便提供充分、适当的记录，作为出具审计报告的基础，并作为证明自己已按照审计准则和相关法律法规的规定计划和执行了审计工作的证据。

在形成工作底稿时，若不遵守相关规定，将会对注册会计师遵循专业胜任能力原则产生不利影响。形成工作底稿从内容上可划分为以下三个决策要点：（1）工作底稿的内容；（2）工作底稿的及时性；（3）工作底稿的归档。其中，工作底稿的内容要点规定了工作底稿应包含哪些方面，及时性要点注重工作底稿的编制时效，而工作底稿的归档要求注册会计师完成审计档案的整理工作。这三个决策要点均会对专业胜任能力原则产生影响。以上三个决策要点与专业胜任原则的对应关系见表7-17：

表7-17　　　　　　　　形成工作底稿环节对应原则及决策要点

对应原则	决策要点
专业胜任	工作底稿的内容
专业胜任	工作底稿的及时性
专业胜任	工作底稿的归档

2）已有规则分析解读

审计工作底稿还可以实现下列目的：有助于项目组计划和执行审计工作；有助于负责督导的项目组或员履行指导、监督与复核审计工作的责任；便于项目组说明其执行审计工作的情况；保留对未来审计工作持续产生重大影响的事项的记录；便于会计师事务所实施质量控制复核与检查；便于监管机构和注册会计师协会根据相关法律法规或其他相关要求，对会计师事务所实施执业质量检查。《中国注册会计师审计准则第1131号——审计工作底稿》中对审计工作底稿的内容、审计工作底稿的及时性、审计二作底稿的归档均作了具体规定，国际会计师职业道德守则中并未涉及该内容。鉴于审计工作底稿的重要作用，我们借鉴中国审计准则的做法，将其划分为专门的流程，并在表述上借鉴中国审计准则中的相关内容。我们将中国相关规则按内容进行分类，分为工作底稿内容、及时性、工作底稿的归档三个模块，并通过比较、总结得出最终规则。中国与国际相关规则见表7-18：

表7-18　　　　　　　　形成工作底稿环节已有规则解读

原则	模块	已有规则
专业胜任	工作底稿的内容	审计工作底稿应包括：①识别出的与遵守相关职业道德要求有关的问题及解决方法；②针对遵守审计业务的独立性要求情况得出的结论，以及支持该独立性的讨论；③得出的有关客户关系和审计业务的接受与保持的结论；④在审计过程中咨询的性质、范围和形成的结论
专业胜任	工作底稿的及时性	应当及时编制审计工作底稿
专业胜任	二作底稿的归档	注册会计师应当在审计报告日后及时将审计工作底稿归整为审计档案，并完成归整最终审计档案过程中的事务性工作

3）中国规则

综合考虑以上因素，从保证注册会计师专业胜任能力角度考虑工作，在借鉴已有准则的基础上，我们认为形成工作底稿应包括以下要点：（1）审计底稿的内容；（2）审计工作底稿的及时性；（3）审计工作底稿的整理与归档。根据以上得出的要点，结合已有规则，我们拟写中国规则如下：

（1）注册会计师应当就下列事项形成审计工作底稿：

①识别出的与遵守相关职业道德要求有关的问题及解决方法；

②针对遵守审计业务的独立性要求情况得出的结论，以及支持该独立性的讨论；

③得出的有关客户关系和审计业务的接受与保持的结论；

④在审计过程中咨询的性质、范围和形成的结论。

（2）注册会计师应当及时编制审计工作底稿。

（3）注册会计师应当在审计报告日后及时将审计工作底稿归整为审计档案，并完成归整最终审计档案过程中的事务性工作。

7.3.10 审计复核

1）内涵界定与对应原则

审计复核的实质是注册会计师应当对会计师事务所分派的每项审计业务的总体质量负责，按照会计师事务所复核政策和程序实施复核，以合理保证事务所及其人员遵守职业准则和适用的法律法规的规定。体现在会计工作中，即为确定审计复核的必要程序、与审计复核有关方的沟通、对审计复核环节应承担的责任等。在审计复核中未能严格遵守相关规定，将会对遵循勤勉尽责、独立性原则产生不利影响。

现有审计规则对审计复核环节的规定可以大致分为以下三个要点：（1）与会计师事务所的沟通，要求项目合伙人与会计师事务所沟通并履行报告责任，表明会计师应当遵循独立、勤勉尽责原则，保持不偏不倚态度，坚持自己的职业判断，并对承接的业务负责。（2）复核的内容：要求复核人员考察项目组成员所做工作，规定了复核内容，体现了复核人员对勤勉尽责基本原则的遵循。（3）质量控制审核的内容：针对审核质量控制制度，要求审计人员保证质量控制制度的合理性、有效性，根据情况调整制度执行情况，即要求审计人员遵循勤勉尽责的基本原则，具体内容见表7-19：

表 7-19 审计复核环节对应原则及决策要点

对应原则	决策要点
勤勉尽责、客观、独立	与会计师事务所的沟通
勤勉尽责	复核的内容
勤勉尽责、独立	质量控制复核的内容

2）已有规则分析解读

《中国注册会计师审计准则第 1121 号——对财务报表审计实施的质量控制》对审计复核环节的工作进行了相关规定，要求项目组成员应当获取充分证据以保证工作的正确性与独立性，对复核工作负责，当出现可能影响业务承接与否的情况或未解决事项时，项目合伙人要合法尽职地履行报告责任，将信息告知会计师事务所，与会计师事务所就承接的业务及时沟通并采取恰当行动，审计准则还规定审计财务报表时，质量控制复核人员应当考虑的内容。审计准则的规定十分详细，且是偏重于执行层面的具体行为规范。

德国会计职业道德准则针对项目质量控制审核作出了规范，要求会计师事务所建立和保持质量控制制度，以合理保证事务所及其人员遵守职业准则和适用的法律法规的规定，并且出具适合具体情况、客观公正的审计报告。准则对审计复核的内容部分规定与我国审计准则第 1121 号规定有相似之处，强调了项目组成员对审计复核的责任以及复核审计工作底稿以获取充分审计证据的重要性。该准则还提到应对质量控制审核的周期进行调整，以适应具体情况。

我国对于审计复核的规定相较于德国更为详细，内容更加完整，规定的范围也更加广泛，主要强调了会计师的报告责任及复核职责。但是德国要求针对具体情况对质量控制制度修改、调整这一点在我国审计准则中未得到体现，因此笔者认为该项规定可为我国准则吸收借鉴，具体内容见表 7-20：

表 7-20 审计复核环节已有规则解读

模块	中国规则	国际规则
与会计师事务所沟通	（1）如果项目合伙人在接受审计业务后获知了某项信息，而该信息若在接受业务前获知，可能导致会计师事务所拒绝该项业务，项目合伙人应当立即将该信息告知会计师事务所，以使会计师事务所和项目合伙人能够采取必要的行动。 （2）在形成审计结论时，项目合伙人应当采取适当的行动，运用防范措施以消除对独立性的不利影响或将其降至可接受的水平，或在必要时解除审计业务约定（除非法律法规禁止）；对未能解决的事项，项目合伙人应当立即向会计师事务所报告，以便采取适当的行动	

模块	中国规则	国际规则
复核的内容	对于上市实体财务报表审计，项目质量控制复核人员在实施项目质量控制复核时，还应当考虑： （一）项目组就具体审计业务对会计师事务所独立性作出的评价；（二）项目组是否已就涉及意见分歧的事项，或者其他疑难问题或争议事项进行适当咨询，以及咨询得出的结论；（三）选取的用于复核的审计工作底稿，是否反映了项目组针对重大判断执行的工作，以及是否支持得出的结论	（1）应当对项目组按照会计师事务所复核政策和程序实施的复核负责，复核人员应当客观地评价项目组作出的重大判断以及在编制审计报告时得出的结论。 （2）在审计报告日或审计报告日之前，项目合伙人应当通过复核审计工作底稿和与项目组讨论，确信已获取充分、适当的审计证据，支持得出的结论和拟出具的审计报告
质量控制审核的内容		有效的质量控制制度应当包括监控过程，以合理保证质量控制制度中的政策和程序具有相关性和适当性，并正在有效运行。审计人员应该检查评估质量控制系统的合理性和效率；检查应该有适当的周期并且应该根据实际情况进行调整

3）中国规则

结合以上因素，从勤勉尽责与独立性原则出发考虑，笔者认为可以将审计复核的规则大致分为以下几个要点：（1）项目合伙人与会计师事务所的沟通；（2）项目合伙人应承担的责任；（3）对报表审计实施质量控制复核时应考虑的因素；（4）质量控制制度的调整。根据以上要求，现拟写规则如下：

（1）如果项目合伙人在接受审计业务后获知了某项信息，而该信息可能导致业务承接的变更，项目合伙人应当立即将该信息告知会计师事务所，以使会计师事务所和项目合伙人能够采取必要的行动。

（2）在形成审计结论时，项目合伙人应当采取适当的行动，以消除对独立性的不利影响或将其降至可接受的水平，或在必要时解除审计业务约定（除非法律法规禁止）；对未能解决的事项，项目合伙人应当立即向会计师事务所报告，以便采取适当的行动。

（3）对于上市实体财务报表审计，项目质量控制复核人员在实施项目质量控制复核时，还应当考虑：

①项目组就具体审计业务对会计师事务所独立性作出的评价；

②项目组是否已就涉及意见分歧的事项，或者其他疑难问题或争议事项进行适当咨询，以及咨询得出的结论；

③选取的用于复核的审计工作底稿，是否反映了项目组针对重大判断执行的

工作，以及是否支持得出的结论。

（4）审计人员应该检查评估质量控制系统的合理性和有效性；审计复核应该定期进行，若存在特殊情况可征求项目合伙人同意后当即进行复核。质量控制制度及复核制度应当根据具体情况进行调整，以保证其有效性。

7.3.11 向委托人或监管机构报告

1）内涵界定与对应原则

向委托人或监管机构报告是指如果注册会计师识别出了舞弊或怀疑存在舞弊，应当在有责任报告的情况下及时向委托人或监管机构报告。该部分体现在会计工作中，即为了解决注册会计师在应对他人舞弊时应采取的做法、应对自己遭遇舞弊质疑时应采取的做法。若注册会计师未能严格履行报告责任，将会对遵循勤勉尽责、独立性、遵纪守法、维护职业声誉原则产生不利影响。

最终形成的对注册会计师在财务报表审计中关于舞弊的报告责任的规定大致可以分为四个决策要点：（1）确定舞弊导致的重大错报风险的应对措施，规定可能存在舞弊情况下的责任，当注册会计师在制定应对舞弊导致的重大错报风险的措施时，应当考虑的因素和采取的行动。（2）依法履行报告义务，是指当报告责任与保密义务相悖时，注册会计师应当遵循法律法规，在合法情况下履行报告责任。（3）执业能力受质疑时的做法，规定当注册会计师的执业能力受到质疑时注册会计师应当采取的做法，再次强调了注册会计师的报告责任，以及在合法合规情况下注册会计师解除业务约定的权利。（4）报告的要求，是对报告形式的具体要求。这几个要点会影响注册会计师的勤勉尽责、遵纪守法、维护职业声誉原则的遵循，具体内容见表7-21：

表7-21　　　　向委托人或监管机构报告环节对应原则及决策要点

对应原则	决策要点
勤勉尽责、遵纪守法、维护职业声誉	确定舞弊导致的重大错报风险的应对措施
勤勉尽责、遵纪守法、维护职业声誉	依法履行报告义务
勤勉尽责、遵纪守法、维护职业声誉	执业能力受质疑时的做法
勤勉尽责、遵纪守法、维护职业声誉	报告的要求

2）已有规则分析解读

《中国注册会计师审计准则第1141号——财务报表审计中与舞弊相关的责任》针对舞弊情况及舞弊造成的重大错报风险制定了相关规定，要求注册会计师应当在财务报表层次和各类交易、账户余额、披露的认定层次识别和评估由于舞弊导致的重大错报风险，在此基础上履行报告责任告知委托人及监管机构，同时采取措施降低风险，减少舞弊情况的发生。对向委托人或监管机构报告的规定大致可以分为两种：第一种是可能存在或真实存在舞弊情况，第二种是当舞弊或舞弊嫌疑导致的错报对注册会计师执业能力造成不利影响。针对第一种情况，审计准则详细规定了舞弊情况的应对措施，考虑所选取项目组成员的胜任能力、评价被审计单位的会计政策是否合理恰当、审计程序选择的相关要求，并要求注册会计师在符合法律法规要求下履行应有的报告责任。第二种情况下，审计准则同样要求注册会计师履行报告责任，并同时提出注册会计师在法律法规允许下可考虑解除业务约定。我们将其内容划分为四个部分：（1）确定舞弊导致的重大错报风险的应对措施；（2）依法履行报告义务；（3）执业能力受质疑时的做法；（4）报告的要求。具体见表7-22：

表7-22 **向委托人或监管机构报告已有规则解读**

原则	模块	已有规则
勤勉尽责、遵纪守法、维护职业声誉	确定舞弊导致的重大错报风险的应对措施	（1）在针对评估的由于舞弊导致的财务报表层次重大错报风险确定总体应对措施时，注册会计师应当： ①在分派和督导项目组成员时，考虑承担重要业务职责的项目组成员所具备的知识、技能和能力，并考虑由于舞弊导致的重大错报风险的评估结果。 ②评价被审计单位对会计政策的选择和运用，是否可能表明管理层通过操纵利润对财务信息作出虚假报告。 ③在选择审计程序的性质、时间安排和范围时，减少审计程序的常规性。如果识别出舞弊或舞弊嫌疑，注册会计师应当确定是否有责任向被审计单位以外的机构报告
勤勉尽责、遵纪守法、维护职业声誉	依法履行报告义务	（2）注册会计师应当遵守法律法规的规定履行报告责任，即使注册会计师对客户信息负有的保密义务可能妨碍这种报告

原则	模块	已有规则
勤勉尽责、遵纪守法、维护职业声誉	执业能力受质疑时的做法	（3）如果由于舞弊或舞弊嫌疑导致出现错报，致使注册会计师的执业能力受到怀疑，注册会计师应当： ①确定适用于具体情况的职业责任和法律责任，包括是否需要向审计业务委托人或监管机构报告。 ②在相关法律法规允许的情况下，考虑是否需要解除业务约定
勤勉尽责、遵纪守法、维护职业声誉	报告的要求	（4）在向业务委托人或监管机构报告时，注册会计师应当采用书面报告形式，清晰阐述识别出的舞弊或舞弊嫌疑，以及可能造成的重大错报风险等不利影响，要求监管机构或委托单位作出应对措施；在向被审计单位以外机构报告时，也必须采取书面形式，但注册会计师应同时遵循保密原则，在原则允许范围内披露舞弊及舞弊嫌疑发生的情况，以及可能造成的影响，有法律法规允许披露情况的除外

3）中国规则

综合以上因素，从遵守勤勉尽责、独立性、遵纪守法、维护职业声誉原则的角度出发，我们认为可以将向委托人或监管机构报告的规则分为以下几个要点：（1）确定舞弊导致的重大错报风险的应对措施；（2）依法履行报告义务；（3）执业能力受质疑时的做法；（4）报告的要求。根据以上几个要点，现拟写规则如下：

（1）在针对评估的由于舞弊导致的财务报表层次重大错报风险确定总体应对措施时，注册会计师应当。

①在分派和督导项目组成员时，考虑承担重要业务职责的项目组成员所具备的知识、技能和能力，并考虑由于舞弊导致的重大错报风险的评估结果；

②评价被审计单位对会计政策的选择和运用，是否可能表明管理层通过操纵利润对财务信息作出虚假报告。

③在选择审计程序的性质、时间安排和范围时，减少审计程序的常规性。如果识别出舞弊或舞弊嫌疑，注册会计师应当确定是否有责任向被审计单位以外的机构报告。

（2）注册会计师应当遵守法律法规的规定履行报告责任，即使注册会计师对客户信息负有的保密义务可能妨碍这种报告。

（3）如果由于舞弊或舞弊嫌疑导致出现错报，致使注册会计师的执业能力受到怀疑，注册会计师应当：

①确定适用于具体情况的职业责任和法律责任，包括是否需要向审计业务委托人或监管机构报告。

②在相关法律法规允许的情况下，考虑是否需要解除业务约定。

（4）在向业务委托人或监管机构报告时，注册会计师应当采用书面报告形式，清晰阐述识别出的舞弊或舞弊嫌疑，以及可能造成的重大错报风险等不利影响，要求监管机构或委托单位作出应对措施；在向被审计单位以外机构报告时，也必须采取书面形式，但注册会计师应同时遵循保密原则，在原则允许范围内披露舞弊及舞弊嫌疑发生的情况，以及可能造成的影响，有法律法规允许披露的情况除外。

7.3.12 对财务报表形成审计意见和出具审计报告

1）内涵界定与对应原则

对财务报表形成审计意见和出具审计报告是指注册会计师应在评价根据审计证据得出的结论的基础上，对财务报表形成审计意见，并通过书面报告的形式清楚地表达审计意见，说明其形成基础。该部分规定体现在会计工作中，即获取充分的审计证据以评价财务报表，从而形成审计意见，若有必要或客户需要再次出具审计意见，评估审计对象从而出具审计报告。若不能正确地对财务报表形成审计意见并出具审计报告，可能会对遵循客观、胜任能力、正直原则产生不利影响。

关于对财务报表形成审计意见和出具审计报告的现有规定主要可以分为以下四个要点：（1）评价财务报表的编制基础，是指注册会计师应该评价财务报表的编制基础是否公允；（2）得出审计意见应考虑的因素，要求注册会计师在形成审计意见前应做好相关准备工作，考虑足够的相关因素；（3）说明获取的信息，是指注册会计师如果参考了其他信息应该指出；（4）对客户的保密义务，要求注册会计师就第二次出具的审计意见与客户及前任注册会计师进行充分沟通，特别是应当得到客户允许。以上四个决策要点的对应原则见表7-23：

表7-23　对财务报表形成审计意见和出具审计报告环节对应原则及决策要点

对应原则	决策要点
专业胜任	评价财务报表的编制基础
专业胜任	得出审计意见应考虑的因素
专业胜任、独立性	说明获取的信息
保密	对客户的保密义务

2) 已有准则的解读

《中国注册会计师审计准则第1501号——对财务报表形成审计意见和出具审计报告》要求在形成审计意见时，应当充分考察财务报表编制基础、财务报表整体是否存在重大错报等情况。财务报表是形成审计意见的重要参考，因此应当考虑形成审计意见必要的充足审计证据是否具备、未更正错报是否构成重大错报、准则要求作出的评价，从而对财务报表作出正确评价。同时《中国注册会计师审计准则第1251号——评价审计过程中识别出的错报》中针对未更正错报是否构成重大错报的规定，也对注册会计师形成审计意见产生影响。注册会计师应考虑审计准则中所有相关部分的规定，综合考虑财务报表编制的各个方面，包括其舞弊情况、错报情况等，合理恰当地作出职业判断，出具审计意见。

德国会计职业道德准则中也出现了形成审计意见部分，该部分主要针对审计对象、审计信息来源及审计意见的披露、审计所需财务数据等部分作了规定。与我国相比，德国部分更偏向行为规范。此外，国际会计师职业道德守则对再次出具审计意见作了相关规定，提到了再次出具审计意见可能产生不利影响的情况，要求注册会计师与客户、前任注册会计师都进行充分沟通。在没有充分沟通的情况下，注册会计师可以拒绝提供第二次意见。国际会计师职业道德守则对再次出具审计意见的规定的全面总括，注重第二次审计意见的科学性、客观性以及有用性，要求注册会计师在充分尊重客户意见的情况下再次出具审计意见，具体内容见表7-24。

3) 中国规则

综合考虑以上因素，从客观、胜任能力和保密等基本原则角度出发考虑，笔者认为对财务报表形成审计意见和出具审计报告应当包括以下几个要点：（1）评价财务报表的编制；（2）得出审计意见应考虑的因素；（3）说明获取的信息；（4）对客户的保密义务。根据以上要点，现拟写规则如下：

（1）注册会计师应当就财务报表是否在所有重大方面按照适用的财务报告编制基础编制并实现公允反映形成审计意见。

（2）为了形成审计意见，针对财务报表整体是否不存在由于舞弊或错误导致的重大错报，注册会计师应当得出结论，确定是否已就此获取合理保证。在得出结论时，注册会计师应当考虑下列方面：

①是否已获取形成审计意见必需的充分、适当的审计证据。

②在财务报表中未更正错报单独或汇总起来是否构成重大错报。

③本准则相关规定要求作出的评价。

（3）如果在审计中注册会计师在形成审计意见时参考了其他来源的信息，那么必须在审计报告和审计意见中详细地指出所有信息的来源及获取这些信息的作用及必要性。

表7-24 　　　　对财务报表形成审计意见和出具审计报告环节已有规则解读

模块	中国规则	国际规则
形成审计意见	注册会计师应当就财务报表是否在所有重大方面按照适用的财务报告编制基础编制并实现公允反映形成审计意见。 为了形成审计意见，针对财务报表整体是否不存在由于舞弊或错误导致的重大错报，注册会计师应当得出结论，确定是否已就此获取合理保证。在得出结论时，注册会计师应当考虑下列方面： （一）按照《中国注册会计师审计准则第1231号——针对评估的重大错报风险采取的应对措施》的规定，是否已获取充分、适当的审计证据； （二）按照《中国注册会计师审计准则第1251号——评价审计过程中识别出的错报》的规定，未更正错报单独或汇总起来是否构成重大错报； （三）本准则相关规定要求作出的评价	（1）要对审计对象进行完整的评估，在考虑全部因素的基础上作出职业判断，发布的审计报告中应该包含全部重要的因素。 （2）如果合同要求出具带有审计意见的评定报告，那么这必须在合同和报告中清楚地阐明。 （3）如果在审计中注册会计师咨询了外界专家意见等其他来源的信息，那么必须在审计报告和审计意见中详细地指出所有来自其他来源的信息。 （4）如果一个单位的财务报表或财务数据背离了会计原则，并且对财务报表或财务数据整体具有重要影响，注册会计师不应当： ①对该单位的财务报表或财务数据发表意见，或肯定地说明其编制符合一般公认会计原则；②声称没有意识到应当作出重要修正，以使财务报表或数据符合一般公认会计原则
对再次出具审计意见的要求		再次出具审计意见的不利影响存在与否及其严重程度，取决于业务的具体情况，以及再次出具审计意见时所能获得的所有相关事实及证据要求。 如果被要求提供第二次意见，注册会计师应该采取以下措施： （1）征得客户同意与前任注册会计师沟通；（2）在与客户沟通中说明注册会计师发表专业意见的局限性；（3）向前任注册会计师提供第二次意见的副本。 如果被要求提供第二次意见，注册会计师应在客户允许下与前任注册会计师及客户进行沟通，否则注册会计师应当拒绝出具审计意见

（4）如果被要求提供第二次意见，注册会计师应当与客户及前任注册会计师就被审计的业务进行充分沟通，在征得客户同意的前提下，注册会计师才能向前

任注册会计师提供其所需要的信息。

7.3.13 礼物与款待

1）内涵界定与对应原则

礼物与款待环节要解决的是，当利益相关方向注册会计师提供礼物、赠送礼金或提供特别招待时，注册会计师判断能否接受的标准及应当采取的措施，以及注册会计师能否接受客户礼物及给予客户礼物两种行为。如果客户向注册会计师（或其近亲属）赠送礼品或给予款待，可能会对客观原则产生不利影响。

现有会计准则对礼物与款待的规定可以分为两个决策要点：（1）礼物与款待造成不利影响的判断标准，即在哪些情况下，或礼物与款待具有何种性质，可以判定礼物与款待是合理的无害的，不会对注册会计师的工作、基本原则的遵守产生不利影响，在哪些情况下会有不利影响。该部分的规定表明注册会计师对待礼物与款待的态度应当体现客观原则。（2）注册会计师对待礼物与款待时行为的规范，即避免不利影响的措施。这部分的规定表明注册会计师应当遵循客观原则，避免利益冲突。

2）已有规则分析解读

国际会计师职业道德守则规定了礼物与款待是否会造成不利影响的判断标准，即礼物与款待可接受的标准。若礼物与款待合理，且独立第三方认为不会对注册会计师的独立性、客观诚实造成不利影响，则该种礼物与款待是可接受的；若礼物与款待超出了业务中的正常往来，注册会计师应当拒绝接受。同时规定：如果会计师事务所或审计项目组成员接受审计客户的礼品，将产生非常严重的不利影响，导致没有防范措施能够将其降低至可接受的水平，会计师事务所或审计项目组成员不得接受礼品。国际会计师职业道德守则还详细列举了礼物与款待可能导致利益冲突的情形，针对具体情形规定应对措施。英、美、日、澳、德在礼物与款待部分的规定与国际趋同，细节有些许差异。表7-25主要表现该部分规定的共性。

现有准则应当丰富其内容，进一步规定礼物与款待可能造成不利影响的界定标准，如礼物与款待的金额、来源方、禁止接受或提供礼物与款待规定的适用对象等等，以量化判断标准，帮助注册会计师及有关方判断什么可为、什么不可为。

表 7-25 礼物与款待已有规则解读

模块	已有规则	对应原则
不利影响的界定标准	接受礼物与款待是否造成不利影响及影响的严重程度是由礼物与款待的性质、价值、目的来决定。如果礼物与款待是合理的，并且独立第三方权衡过当时全部特定情况后认为是可接受的，则这种礼物与款待是可以接受的	客观
对待礼物与款待时行为的规范	会计师事务所或审计项目组成员不得接受礼品。会计师事务所或审计项目组成员应当评价接受款待产生不利影响的严重程度，并在必要时采取防范措施消除不利影响或将其降低至可接受的水平。如果款待超出业务活动中的正常往来，会计师事务所或审计项目组成员应当拒绝接受	客观

3）中国规则

综合考虑以上因素，从遵循客观原则的角度出发，可以将礼物与款待的规则大致分为以下几个要点：（1）礼物与款待的性质；（2）是否可以接受或提供礼物与款待的判断标准；（3）禁止行为。根据这三个要点，现拟写规则如下：

（1）礼物与款待不能来源于利益相关方，如被审计单位的管理层等，也不得向注册会计师及其亲属提供礼物与款待。

（2）礼物与款待如果是有正当且必要的理由，那么则判断注册会计师可以接受或提供，但注册会计师需要在接受礼物与款待或款待前告知会计师事务所及客户，向双方说明礼物与款待的来源与理由、金额等必要的信息，在征得客户及会计师事务所同意，认为礼物与款待是合理行为后才可接受或提供。

（3）礼物与款待的金额是判断注册会计师受到不利影响的依据之一，根据礼物与款待的性质来判断注册会计师是否存在不正当行为，避免利益相关方与注册会计师之间过密的或金额异常的礼物与款待，并在识别出注册会计师不当行为时立即制止，予以惩戒。

（4）会计师事务所或审计项目组成员不得接受礼品。

7.4 中国会计职业道德规范的具体规则——公司会计部分

最终形成的中国会计职业道德规范针对公司会计的规则一共包括八个环节，分别为专业胜任与培训、会计记录、会计报告、会计工作交接、会计资料的保管、与财务报告及决策相关的经济利益、礼物与款待、会计责任。本部分我们将具体展示针对公司会计部分规则的具体内容与形成过程。

7.4.1 专业胜任与培训

1）内涵界定及对应原则

近10年来，我国会计准则进行了多次修订，其根本目的是更好地实现国内外会计准则的接轨，更好地服务于我国蓬勃发展的社会主义市场经济，因此，会计人员须责无旁贷地履行好各自的职责，及时更新知识体系。而新知识的获得，一个简易便捷的途径就是定期培训。定期培训是采取集体学习的形式，由专业人员辅导会计人员学习理论知识，锻炼实践技能，提高专业能力。

定期培训是由专业胜任、勤勉尽责这两个基本原则进行指导的。现有会计具体规则按决策要点可分为以下几点：（1）具备足够专业能力的界定标准；（2）如何避免对会计人员专业能力原则遵循的不利影响。对会计人员专业能力的要求体现了对胜任能力、勤勉尽责原则的遵守。具体内容如表7-26所示：

表7-26　　　　　　　　**会计胜任与培训对应原则及决策要点**

对应原则	决策要点
专业胜任、勤勉尽责	具备足够专业能力的界定标准
专业胜任、勤勉尽责	如何避免对会计人员专业能力原则遵循的不利影响

2）已有规则分析解读

国际会计师职业道德守则对足够的专业能力部分进行了详细规定，要求会计人员在从事会计工作中应遵循胜任能力、勤勉尽责原则的要求，具备并保持从事相关会计活动所必需的专业及经验要求，并具备足够的时间和信息完成相关会计工作。对这部分的具体要求可概括为两点：一是足够专业能力的界定标准，既包括会计知识、技术的要求，也包括从事会计活动的工作经验要求；二是如何避免对该原则的遵守产生威胁的不利因素，如通过额外的建议及训练获得从事相关会计工作的能力、向专家寻求帮助建议等。

《会计法》对会计人员的资质作了原则性规定，担任不同会计岗位职员需要不同的资质，同时也要求会计人员提高业务素质，加强教育与培训。由此可看出，我国会计法律对会计人员的技术水平、教育水平的要求正向国际趋同。具体见表7-27。

3）中国规则

由上述分析，从遵循胜任能力、勤勉尽职原则角度出发考虑，我们认为可将该部分的具体规则分为以下两个要点：（1）专业能力的界定标准；（2）如何获得、提高专业能力。由以上两个要点，我们编写中国规则如下：

表7-27   专业胜任与培训已有规则解读

模块	国际规则	中国规则
具备足够专业能力的界定标准	会计人员只能接受拥有或可获得足够的特殊训练及经验的项目	担任单位会计机构负责人（会计主管人员）的，应当具备会计师以上专业技术职务资格或者从事会计工作三年以上经历
如何避免对会计人员专业能力原则遵循的不利影响	取得额外的建议或训练、确保有足够的时间履行相关职责、获得相关具有必要专业知识人员的帮助等。适当情况下，可以咨询用人组织内部上级人员、独立的专家或相关专业机构	会计人员应当遵守职业道德，提高业务素质。对会计人员的教育和培训工作应当加强

规则：

（1）具备足够的专业能力的基本原则要求会计人员只能接受拥有或可获得足够的特殊训练及经验的项目。公司会计人员不得有意使雇主误解自己的职业或经验水平，也可以在必要时取得专家的建议和帮助。

（2）可能对公司会计人员遵守拥有足够专业素养的原则造成阻碍的威胁有如下情形：

①没有足够时间履行或完成相关职责。

②不完整的、受限制的或其他原因导致的信息不完全以致不能很好地履行职责。

③没有足够的经验、没有得到足够的训练或教育。

④不具备很好地履行职责的全部资源。

（3）会计人员应当提高业务素质。对会计人员的教育和培训工作应当加强。

（4）防止会计人员因专业技能不足，无法恰当处理会计业务的防范措施包括：取得额外的建议或训练、确保有足够的时间履行相关职责、获得相关具有必要专业知识人员的帮助等。适当情况下，可以咨询用人组织内部上级人员、独立的专家或相关专业机构。

7.4.2 会计记录

1）内涵界定及对应原则

会计记录是指对经过会计确认、会计计量的经济业务，采用一定方法记录下来的过程。在会计记录中，对于经过确认而可以进入会计信息系统处理的每项数据，按复式记账法在账簿中予以登记。会计记录是会计核算中的一个重要环节。在会计记录中，需要运用各种会计账簿、会计凭证、会计报表及发票、合同、签约等会计资料。

会计记录的生成需要严格遵守客观、遵纪守法基本原则的指导，必须保证其真实、完整地记录经济事项，记录方法、记录内容等必须符合国家统一会计制度规定。

具体规则按决策要点划分为以下几点：（1）会计记录要真实完整；（2）会计资料要符合国家统一会计制度的要求；（3）填制原始凭证要求；（4）填制记账凭证与登记账簿的要求；（5）检查账实是否相符。各决策要点与基本原则的对应关系见表7-28：

表7-28　　　　　　　　　　**会计记录对应原则及决策要点**

对应原则	决策要点
客观、遵纪守法	会计资料要真实完整
客观、遵纪守法	会计资料要符合国家统一会计制度的要求
客观、遵纪守法	填制原始凭证的要求
客观、遵纪守法	填制记账凭证与登记账簿的要求
客观、遵纪守法	检查账实是否相符

2）已有规则分析解读

国际会计师职业道德守则里没有对会计记录进行详细的阐述，因此本部分的表述我们以《会计法》为基础。《会计法》在第二章中就会计记录问题进行了规范，对会计资料的内容、格式、传递的信息质量作了严格的要求。同时，《会计法》也提出，会计资料的生成程序、方式、记载内容和格式必须符合国家统一会计制度的相关规定，会计资料的保管年限、方式、地点也在会计相关法律中受到限制。我们按照内容将其进行分类，分为经济业务事项、会计制度、原始凭证、记账凭证与账簿、账实核对这几个模块，作为编写我国会计职业道德规则的依据。《会计法》中相关内容见表7-29：

表7-29　　　　　　　　　　**会计记录已有规则解读**

模块	已有规则	对应原则
经济业务事项	各单位必须根据实际发生的经济业务事项进行会计记录，填制会计凭证，登记会计账簿，编制财务会计报告。 任何单位不得以虚假的经济业务事项或者资料进行会计记录	客观、遵纪守法、专业胜任
会计制度	会计凭证、会计账簿、财务会计报告和其他会计资料，必须符合国家统一的会计制度的规定。 使用电子计算机进行会计记录的，其软件及其生成的会计凭证、会计账簿、财务会计报告和其他会计资料，也必须符合国家统一的会计制度的规定。 任何单位和个人不得伪造、变造会计凭证、会计账簿及其他会计资料，不得提供虚假的财务会计报告	客观、遵纪守法、专业胜任

模块	已有规则	对应原则
原始凭证	会计凭证包括原始凭证和记账凭证。办理的经济业务事项，必须填制或者取得原始凭证并及时送交会计机构 会计机构、会计人员必须按照国家统一的会计制度的规定对原始凭证进行审核，对不真实、不合法的原始凭证有权不予接受，并向单位负责人报告；对记载不准确、不完整的原始凭证予以退回，并要求按照国家统一的会计制度的规定更正、补充	客观、遵纪守法、专业胜任
记账凭证与账簿	记账凭证应当根据经过审核的原始凭证及有关资料编制。会计账簿登记，必须以经过审核的会计凭证为依据，并符合有关法律、行政法规和国家统一的会计制度的规定。会计账簿包括总账、明细账、日记账和其他辅助性账簿	客观、遵纪守法、专业胜任
账实核对	各单位应当定期将会计账簿记录与实物、款项及有关资料相互核对，保证会计账簿记录与实物及款项的实有数额相符、会计账簿记录与会计凭证的有关内容相符、会计账簿之间相对应的记录相符、会计账簿记录与会计报表的有关内容相符	客观、遵纪守法、专业胜任

3）中国规则

综合考虑以上因素，从遵循客观、专业胜任、遵纪守法原则角度出发考虑，会计核算应包括以下几个要点：（1）符合会计制度；（2）考察经济业务；（3）填制原始凭证；（4）填制记账凭证与登记账簿；（5）编制会计报表；（6）检查账实是否相符。根据以上要点，现拟写规则如下：

（1）会计人员必须依照国家统一的会计制度进行会计核算，填制会计凭证、登记会计账簿时必须符合国家统一的会计制度的规定。使用电子计算机进行会计核算的，其软件及其生成的会计凭证、会计账簿、财务会计报告和其他会计资料，也必须符合国家统一的会计制度的规定。

不得伪造、变造会计凭证、会计账簿及其他会计资料。

（2）会计人员必须根据实际发生的经济业务进行核算，在编制记账凭证前应该核实经济业务是否真实，不得以虚假的经济业务事项或资料进行会计核算。

（3）会计人员应该保障原始凭证的真实性与合法性，要对原始凭证进行审核，对不真实、不合法的原始凭证有权不予接受，并向单位负责人报告；对记载不准确、不完整的原始凭证予以退回，并要求按照国家统一的会计制度的规定更正、补充。

（4）会计人员应该根据审核后的原始凭证及有关资料编制记账凭证，并据此登记会计账簿。

（5）应当定期将会计账簿记录与实物、款项及有关资料相互核对，保证会计账簿记录与实物及款项的实有数额相符、会计账簿记录与会计凭证的有关内容相符、会计账簿之间相对应的记录相符、会计账簿记录与会计报表的有关内容相符。

7.4.3　会计报告

1）内涵界定及对应原则

会计报告是指以账簿记录为依据，采用表格和文字形式，把会计所形成的财务信息传递给信息使用者的手段。为了反映企业的生产经营状况，便于信息使用者作出更好的决策，会计信息必须以一定的方式和格式传递给信息使用者，会计报告就是要把按照各种会计核算方法确认、计量、记录的会计要素的数据编制成财务报表，提供给使用者以达到以上目的。

会计报告需要严格遵循客观、遵纪守法的基本原则，在基本原则的指导下开展工作。会计报告必须保证其真实、完整地传达经济信息以达到客观原则的要求，格式、记载方式及内容等必须符合国家统一会计制度规定以达到遵纪守法原则的要求。

具体规则按决策要点划分为以下几点：（1）会计报告要真实完整；（2）会计报告要符合国家统一会计制度的要求；（3）会计报告的编制基础。各决策要点与基本原则的对应关系见表7-30：

表7-30　　　　　　　　　　　**会计报告对应原则及决策要点**

对应原则	决策要点
客观、遵纪守法	会计报告要真实完整
客观、遵纪守法	会计报告要符合国家统一会计制度的要求
客观、遵纪守法	会计报告的编制基础

2）已有规则分析解读

鉴于会计报告的重要性，《会计法》对会计报告的内容、格式、传递的信息质量作了严格的要求。《会计法》前四章反复提到保证会计报告的真实、完整。此外，这一会计基本法律也提出，会计报告的编制基础、记载内容和记载格式等必须要符合国家会计法律法规的要求，不得虚假报告，也不得伪造变造会计报告或不提供会计报告。当发现会计报告出现虚假、伪造、变造等情况时，相关会计人员及单位负责人需要承担相应责任。会计资料的保管年限、方式、地点也在会计相关法律中受到限制。

由以上分析可看出，会计相关法律对会计报告如何编制、由谁负责、如何保管进行了详细规定，我们在参考国际会计准则规定的前提下，认为我国法律中关于会计资料的具体规则大致分为以下几个模块：（1）会计报告的质量要求；（2）会计报告符合国家规定；（3）会计报告的编制、保管。

已有规则的对应原则及模块见表7-31：

表7-31 会计报告已有规则解读

原则	模块	已有规则
客观、遵纪守法	会计报告的质量要求	①各单位必须根据实际发生的经济业务事项编制财务会计报告。 ②任何单位和个人不得伪造、变造会计凭证、会计账簿及其他会计资料，不得提供虚假的财务会计报告。 ③任何单位或者个人不得以任何方式授意、指使、强令会计机构、会计人员提供虚假财务会计报告
客观、遵纪守法	会计报告符合国家规定	①各单位采用的会计处理方法确有必要变更的，应当按照国家统一的会计制度的规定变更，并将变更的原因、情况及影响在财务会计报告中说明。 ②使用电子计算机进行会计核算的，其软件及其生成的会计资料，包括财务会计报告，也必须符合国家统一的会计制度的规定。 ③财务报告附注应当对恰当的会计处理方法变更及会计估计变更进行说明。 ④单位提供的担保、未决诉讼等或有事项，应当按照国家统一的会计制度的规定，在财务会计报告中予以说明
客观、遵纪守法	会计报告的编制、保管	①各单位对财务会计报告和其他会计资料应当建立档案，妥善保管。会计档案的保管期限和销毁办法，由国务院财政部门会同有关部门制定。 ②财务会计报告应当根据经过审核的会计账簿记录和有关资料编制，并符合会计法和国家统一的会计制度关于财务会计报告的编制要求、提供对象和提供期限的规定；其他法律、行政法规另有规定的，从其规定。 ③财务会计报告由会计报表、会计报表附注和财务情况说明书组成。向不同的会计资料使用者提供的财务会计报告，其编制依据应当一致

3）中国规则

由以上分析，从保证会计资料真实、完整、符合国家统一会计制度规定的角度出发，我们认为会计报告应当包括以下三个要点：（1）会计报告应真实、完整，不得伪造、变造会计报告或提供虚假报告；（2）会计报告的生成、保管应遵循国家统一规定；（3）会计报告的内容、记载方式、编制基础应当符合国家统一会计制度规定。由以上要点，我们编写会计资料具体规则如下：

规则：

（1）会计报告应当以实际发生的经济业务、事项为基础，根据真实完整的会计凭证、账簿等会计资料进行编制。

（2）所有会计资料，包括会计凭证、会计账簿、财务会计报告和其他会计资料，以及使用电子计算机进行会计核算的软件及其生成的会计资料，都必须符合国家统一的会计制度的规定。

（3）会计处理方法及会计估计应当谨慎变更，确有需要变更的应当遵循国家统一会计制度，并就变更在财务报告附注中披露。

（4）财务会计报告应当根据经过审核的会计账簿记录和有关资料编制，并符合会计法和国家统一的会计制度关于财务会计报告的编制要求、提供对象和提供期限的规定；其他法律、行政法规另有规定的，从其规定。

（5）各单位对会计凭证、会计账簿、财务会计报告和其他会计资料应当建立档案，妥善保管。会计档案的保管期限和销毁办法，由国务院财政部门会同有关部门制定。

禁止行为：

（1）授意、指使、强令会计机构、会计人员及其他人员编制虚假财务会计报告或者隐匿、故意销毁依法应当保存的财务会计报告。

（2）向不同的会计资料使用者提供的财务会计报告编制依据不一致的。

（3）未按照规定保管会计报告，致使会计报告毁损、灭失的。

7.4.4 会计工作交接

1）内涵界定及对应原则

会计人员因工作调动或者因故离职，需要与接管人员办理交接手续。会计工作交换这一环节就是针对会计人员更换时的交接程序进行规范，包括移交人员应有的做法与接管人员的做法，以及交接的一些基本程序。会计工作交互环节，可能会对会计人员遵守客观、保密性、专业胜任原则产生不利影响。

最终形成的规则包括以下几个决策要点：（1）办清交接手续，指出会计人员如果没有办清交接手续，则不得调动或离职；（2）监督交接，指出负责监督交接程序的人员；（3）移交人员的责任，规定移交人员的责任；（4）接替人员的责任，规定接替人员的义务；（5）会计机构负责人、会计主管移交的情况，指出该情况下的特殊约定。以上五个决策要点可能会对会计人员遵守客观、保密、专业胜任原则产生不利影响。对应关系见表7-32：

表7-32　　　　　　　　　**会计工作交接对应原则及决策要点**

对应原则	决策要点
客观、专业胜任	办清交接手续
客观、专业胜任、保密	监督交接
客观、专业胜任、遵纪守法	移交人员的责任
客观、专业胜任	接替人员的责任
客观、保密、专业胜任	会计机构负责人、会计主管移交的情况

2）已有规则分析解读

《会计法》中指出会计人员工作调动或因故离职应该办理交接手续，并指出办理交接手续时的监交人员。《会计基础工作规范》中对于会计工作交换这一环节有非常具体的规范，其不仅包括交接手续、监交等内容，还包括移交人责任、接替人责任、单位负责人移交、短期工作交接等特殊情况下的交接。我们把《会计基础工作规范》中的内容纳入进来，作为对《会计法》的补充。《会计基础工作规范》中会计工作交接这一章节的内容比较详细，我们只选取可能影响会计人员遵守会计职业道德部分的规则。我们将其按内容进行分类，大致分为以下几个模块：（1）办清交接手续；（2）接替人责任；（3）监交；（4）会计机构负责人、会计主管移交；（5）会计记录连续性；（6）移交人员责任。这几个模块的相应内容与原则的对应关系见表7-33：

表7-33　　　　　　　　　**会计工作交接已有规则解读**

模块	已有规则	对应原则
办清交接手续	会计人员工作调动或者因故离职，必须将本人所经管的会计工作全部移交给接替人员。没有办清交接手续的，不得调动或者离职	客观、专业胜任
接替人员责任	接替人员应当认真接管移交工作，并继续办理移交的未了事项	专业胜任
监交	一般会计人员办理交接手续，由会计机构负责人（会计主管人员）监交；会计机构负责人（会计主管人员）办理交接手续，由单位负责人监交，必要时主管单位可以派人会同监交	客观、保密、专业胜任
会计机构负责人、会计主管移交	会计机构负责人、会计主管人员移交时，还必须将全部财务会计工作、重大财务收支和会计人员的情况等，向接替人员详细介绍。对需要移交的遗留问题，应当写出书面材料	客观、保密、专业胜任
会计记录连续性	接替人员应当继续使用移交的会计账簿，不得自行另立新账，以保持会计记录的连续性	客观、专业胜任
移交人员责任	移交人员对所移交的会计凭证、会计账簿、会计报表和其他有关资料的合法性、真实性承担法律责任	客观、遵纪守法

3）中国规则

考虑以上因素，从客观、专业胜任、保密、遵纪守法原则角度出发，或有事项与会计处理方法变更应该包括以下五个要点：（1）办清交接手续；（2）监督交接；（3）移交人员的责任；（4）接替人员的责任；（5）会计机构负责人、会计主管移交的情况。根据以上要点，现拟写规则如下：

（1）会计人员工作调动或者因故离职，必须将本人所经管的会计工作全部移交给接替人员。没有办清交接手续的，不得调动或者离职。

（2）一般会计人员办理交接手续，由会计机构负责人（会计主管人员）监交；会计机构负责人（会计主管人员）办理交接手续，由单位负责人监交，必要时主管单位可以派人会同监交。

（3）移交人员对所移交的会计凭证、会计账簿、会计报表和其他有关资料的合法性、真实性承担法律责任。

（4）接替人员应当认真接管移交工作，并继续办理移交的未了事项。接替人员应当继续使用移交的会计账簿，不得自行另立新账，以保持会计记录的连续性。

（5）会计机构负责人、会计主管人员移交时，还必须将全部财务会计工作、重大财务收支和会计人员的情况等，向接替人员详细介绍。对需要移交的遗留问题，应当写出书面材料。

7.4.5 会计资料的保管

1）内涵界定及对应原则

会计资料，主要是指会计凭证、会计账簿、财务会计报告等会计核算专业资料，会计资料是会计核算不同环节形成的记载有关单位经济业务活动情况的重要文件，是会计信息的载体。会计资料所记录和提供的信息，是反映单位财务状况和经营成果，是管理者判断企业经营状况、投资者作出投资决策的重要依据，也是国家对企业进行宏观调控的参考资料之一。同时，会计资料也是一项重要的信息来源，为了达到信息的可靠性、相关性等质量要求，各单位的会计资料都必须符合国家统一的会计制度的规定。

会计资料的生成、管理等主要涉及客观、遵纪守法等基本原则。会计资料的格式、记载方式及内容等必须符合国家统一会计制度规定以达到遵纪守法原则的要求。

具体规则按决策要点划分为以下几点：（1）会计资料要真实完整；（2）会计资料要符合国家统一会计制度的要求；（3）依法设置会计账簿，不得私设账簿；（4）会计资料的保管。各决策要点与基本原则的对应关系见表7-34：

表7-34　　　　　　　会计资料的保管对应原则及决策要点

对应原则	决策要点
客观、遵纪守法	会计资料要真实完整
客观、遵纪守法	会计资料要符合国家统一会计制度的要求
客观、遵纪守法	依法设置账簿，不得私设
客观、遵纪守法	会计资料的保管

2）已有规则分析解读

会计资料作为会计工作的基础和依据，是经济事项的载体。鉴于会计资料的重要性，《会计法》对会计资料的内容、格式、传递的信息质量作了严格的要求。《会计法》前四章反复提到保证会计资料的真实、完整，真实性和完整性可称为会计资料最基本的质量要求。此外，这一会计基本法律也提出，会计资料的生成程序、方式、记载内容和格式必须符合国家统一会计制度的相关规定，不得虚假记录、报告，也不得采取伪造、变造等违法手段变更会计资料。当发现会计资料不符合法律规定和企业实际要求时，可向单位负责人报告，及时修正。会计资料的保管年限、方式、地点也在会计相关法律中受到限制。

由以上分析可看出，会计相关法律对会计资料如何编制、由谁负责、如何保管进行了详细规定，我们在参考国际会计准则规定的前提下，认为我国法律中关于会计资料的具体规则大致分为以下几个模块：（1）会计资料的质量要求；（2）会计资料符合国家规定；（3）会计资料的编制、保管。

已有规则的对应原则及模块见表7-35：

表7-35　　　　　　　会计资料的保管已有规则解读

原则	模块	已有规则
客观、遵纪守法	会计资料的质量要求	①各单位必须根据实际发生的经济业务事项进行会计核算，填制会计凭证，登记会计账簿，编制财务会计报告。②任何单位和个人不得伪造、变造会计凭证、会计账簿及其他会计资料，不得提供虚假的财务会计报告。③会计机构、会计人员对记载不准确、不完整的原始凭证予以退回，并要求按照国家统一的会计制度的规定更正、补充。④任何单位或者个人不得以任何方式授意、指使、强令会计机构、会计人员伪造、变造会计凭证、会计账簿和其他会计资料，提供虚假财务会计报告；也不得以虚假的经济业务事项或者资料进行会计核算

原则	模块	已有规则
客观、遵纪守法	会计资料符合国家规定	①各单位发生的各项经济业务事项应当在依法设置的会计账簿上统一登记、核算，不得违反会计法和国家统一的会计制度的规定私设会计账簿登记、核算。②使用电子计算机进行会计核算的，其软件及其生成的会计资料，也必须符合国家统一的会计制度的规定
客观、遵纪守法	会计资料的编制、保管	①各单位对会计凭证、会计账簿、财务会计报告和其他会计资料应当建立档案，妥善保管。②会计档案的保管期限和销毁办法，由国务院财政部门会同有关部门制定

3）中国规则

鉴于以上分析，从保证会计资料真实、完整、符合国家统一会计制度规定的角度出发，我们认为会计资料应当包括以下三个要点：①会计资料应真实、完整，不得伪造、变造会计资料，提供虚假资料；②会计资料生成、保管应遵循国家统一规定；③会计资料的内容、记载方式、编制基础应当符合国家统一会计制度规定。由以上要点，我们编写会计资料具体规则如下：

规则行为：

（1）会计资料应当根据实际发生的经济业务及事项进行编制。任何单位不得以虚假的经济业务事项或者资料进行会计核算，会计人员必须加强监管，对记载不准确、不完整的原始凭证予以退回，并要求按照国家统一的会计制度的规定更正、补充。任何单位和个人不得伪造、变造会计凭证、会计账簿及其他会计资料，不得提供虚假的财务会计报告。

（2）所有会计资料，包括会计凭证、会计账簿、财务会计报告和其他会计资料，以及使用电子计算机进行会计核算的软件及其生成的会计资料，都必须符合国家统一的会计制度的规定。

（3）各单位对会计凭证、会计账簿、财务会计报告和其他会计资料应当建立档案，妥善保管。会计档案的保管期限和销毁办法，由国务院财政部门会同有关部门制定。

禁止行为：

（1）授意、指使、强令会计机构、会计人员及其他人员伪造、变造会计凭证、会计账簿，编制虚假财务会计报告或者隐匿、故意销毁依法应当保存的会计凭证、会计账簿、财务会计报告。

（2）不依法设置会计账簿或私设会计账簿的。

（3）未按照规定保管会计资料，致使会计资料毁损、灭失的。

7.4.6 与财务报告及决策相关的经济利益

1）内涵界定及对应原则

公司会计人员可能会因经济利益，包括薪酬或激励安排，或近直系亲属或近亲的经济利益而遇到利益冲突的情况。与财务报告及决策相关的经济利益这一环节，主要是为了解决会计人员在面临利益冲突时应当采取哪些措施，以及在执业活动中哪些行为是禁止的，从而规范会计师的行为，避免利益冲突导致的困境。会计人员若不能正确处理与财务报告及决策相关的经济利益，可能会对其遵守独立、客观原则造成威胁。

现有会计职业道德准则关于与财务报告及决策相关的经济利益的规定主要分为两个要点：（1）禁止行为，表明会计人员应当遵循客观原则；（2）如何避免不利影响，规定会计人员如何避免经济利益可能带来的不利影响，对会计人员提出的道德规范而非具体行为指导，体现了会计人员应当遵循的独立、客观原则。

2）已有规则分析解读

国际会计师职业道德守则对与财务报告及决策相关的经济利益部分的规定，主要是为了解决由经济利益导致的利益冲突。守则列举了可能产生利益冲突的情形，要求会计师应当遵循基本原则。这部分规定的主要内容可以归纳为两点：第一点是对注册会计师的要求，禁止其利用自身工作之便谋私利；第二点则是针对可能发生的利益冲突提出解决措施，要求采取防范措施将可能产生利益冲突的威胁因素消除或降至可接受水平。

英、美、日、澳、德会计职业道德准则该部分均与国际趋同，因此以国际部分为准。

对经济利益有关方的说明应当进一步明确，防止利益相关方在处理经济利益时产生冲突，从而破坏会计人员的独立、客观原则。此外，对经济利益的具体处理方法应当明确，防止利益相关人员利用规则漏洞操纵利益，为自己谋私利。具体内容见表7-36：

表7-36 **与财务报告及决策相关的经济利益已有规则解读**

模块	已有规则	对应原则
禁止行为	会计人员不能篡改信息或利用机密信息为自己或他人谋取私利	客观
如何避免不利影响	会计人员应时刻遵守基本原则，履行在所有职业和商务关系中正直、诚实的义务	独立、客观

3）中国规则

综合考虑以上因素，从遵循客观、独立原则角度出发，与财务报告及决策相关的经济利益的规则应包括以下要点：（1）避免不利影响的措施；（2）处理经济利益的方式；（3）禁止行为。根据以上要点，现拟写规则如下：

（1）公司会计人员可能会因经济利益，包括薪酬或激励安排，或近直系亲属或近亲的经济利益而遇到利益冲突的情况。公司会计人员若不能正确处理与财务报告及决策相关的经济利益，可能会对成员遵守独立、客观原则造成威胁。

（2）因报酬和激励机制产生的自利威胁可能会因来自组织中在同一机制下的上级或同事的压力而增强。

（3）公司会计人员不能篡改信息或利用机密信息为自己或他人谋取私利。会计人员职位越高，影响财务报告和决策的能力越强、机会越多，造成的来自同事和上级的压力也越大。在这种情况下，公司会计人员应时刻遵守基本原则，履行在所有职业和商务关系中正直、诚实的义务。

（4）所有因经济利益造成的威胁都应受到评估并采取措施消除或将其降至可接受水平。在评估威胁及采取防控措施时，公司会计人员应评估经济利益的实质及其显著性水平。显著利益因个人情况不同而有所差别。

（5）防控措施包括以下方面：

①独立于管理层的委员会制定政策和程序，决定高层管理人员的薪酬水平和形式。

②所有相关利益，以及根据内部政策制订的面向企业管理层的相关股份的行权或交易计划，都应加以披露。

③必要时咨询组织内部上级人员。

④必要时咨询组织内部管理层或相关专业机构。

⑤内部和外部的审计程序。

⑥不断跟进与道德问题以及有关法律禁令和其他关于潜在内部交易的限制方面的教育。

7.4.7 礼物与款待

1) 内涵界定及对应原则

公司会计人员的亲属可能会收到来自客户的礼物与款待，也有可能在某些情况下，受到压力或暗示，为影响个人或组织的判断或决策、取得机密信息等目的而提供礼物与款待。礼物与款待环节主要解决的是注册会计师在遇到自己及近亲、朋友收到来自利益相关方的可能会影响执业标准的礼物、礼金、特别招待时，应当保持何种态度、采取哪些措施。礼物与款待体现在会计工作中，即是礼物与款待的判断标准，在何种程度内收到或提供的礼物与款待是可以接受的，在何种程度时该礼物或款待是不合理的；礼物与款待可能产生不利影响时，注册会计师应当采取哪些措施消除影响或将其降至可接受的水平。接受礼物与款待可能会对遵守客观、独立、保密原则造成威胁。

现有会计准则对礼物款与款待的规定可以分为两个要点：（1）礼物与款待造成不利影响的判断标准，即在哪些情况下，或礼物与款待具有何种性质，则可以判定礼物与款待是合理的无害的，不会对注册会计师的工作、基本原则的遵守产生不利影响，在哪些情况下会有不利影响。该部分的规定表明注册会计师对待礼物与款待的态度应当体现客观、独立原则。（2）注册会计师对待礼物与款待时行为的规范，即避免不利影响的措施。这部分的规定表明注册会计师应当遵循客观、独立原则，避免利益冲突。

2) 已有规则分析解读

国际会计师职业道德守则关于礼物与款待的叙述在公司会计和事务所层面有所不同。事务所部分规定礼物与款待这一环节，而公司会计部分分为接受礼物与款待和提供礼物与款待两个部分。其中，接受礼物与款待与事务所部分的礼物与款待规定基本一致，提供礼物与款待则是公司会计特有的规定。

守则规定了礼物与款待是否会造成不利影响的判断标准，即礼物与款待可接受的标准。若礼物与款待是合理且独立第三方认为是合理的，则该种礼物与款待是可接受的；若礼物与款待超出了业务中的正常往来，注册会计师应当拒绝接受。同时守则也要求采取防范措施，防止注册会计师接受相关方不合理的礼物与款待，规定注册会计师应当根据接受礼物与款待产生的所有不利影响来确定是否采取措施，将礼物与款待情况告知监督部门或机构，并严格禁止项目组成员接受礼物与款待。

提供礼物与款待部分规定较为简洁，与事务所部分的礼物与款待基本一致，提出应该禁止会计人员向相关方提供礼物与款待，防止影响会计人员职业判断及会计活动的独立性、公允性。

英美等国相关部分的规定与国际趋同，因此以国际准则为准。现有准则应当丰富其内容，进一步规定礼物与款待可能造成不利影响的界定标准，如礼物与款待的金额、来源方、禁止接受礼物与款待规定的适用对象等等，以量化判断标准，帮助注册会计师及有关方判断什么可为、什么不可为。具体内容见表7-37：

表7-37　　　　　　　　　　　**礼物与款待已有规则解读**

模块	已有规则	对应原则
不利影响的界定标准	礼物与款待是否造成不利影响及影响的严重程度是由礼物与款待的性质、价值、目的来决定的。 如果礼物与款待是合理的，并且独立第三方权衡过当时全部特定情况后认为是可接受的，则这种礼物与款待是可以接受的。 公司会计人员不应当提供礼物与款待来不恰当地影响第三方的判断	客观、独立
采取措施避免不利影响	会计师事务所或审计项目组成员不得接受礼品。 会计师事务所或审计项目组成员应当评价接受款待产生不利影响的严重程度，并在必要时采取防范措施消除不利影响或将其降低至可接受的水平。如果款待超出业务活动中的正常往来，会计师事务所或审计项目组成员应当拒绝接受。 公司会计人员可能在某些情况下，受到压力或暗示，为影响个人或组织的判断或决策、取得机密信息等目的而提供礼物与款待。提供礼物与款待可能不利于客观、保密原则的遵守，注册会计师应当参考道德冲突的解决中提供的原则和指导，采取措施消除影响或将其降至可接受的水平。当行贿压力来自组织内部时，公司会计人员应遵守基本原则并根据本准则的"概念、框架、方法"来解决冲突	客观、独立

3）中国规则

综合考虑以上因素，从遵循客观、独立原则角度出发，礼物与款待应包括以下几个要点：（1）是否接受礼物与款待的判断标准；（2）禁止行为；（3）惩戒措施。根据以上要点，现拟写规则如下：

（1）会计人员或会计人员的亲属可能会收到来自客户的礼物与款待。礼物与款待可能产生不利影响时，注册会计师应当采取措施消除影响或将其降至可接受的水平。接受礼物与款待可能会对遵守客观原则造成威胁。

（2）接受优惠与款待会对遵守基本原则造成威胁。公司会计人员自身收到优惠与款待时，应判断是否存在自利威胁，公司会计人员直系亲属或近亲属收到优惠与款待时，应判断是否存在亲密关系威胁。

（3）要根据礼物与款待的性质、价值和目的来评估威胁因素。如果理性、信息完全的第三方在权衡一切可获得的信息后认为礼物与款待的提供是无关紧要的，或没有鼓励不道德行为的目的的，那么会计人员可判定接受该礼物与款待是正常的商业行为，不会对遵守基本原则构成威胁。

（4）任何威胁都应受到评估并采取措施消除威胁或将其降至可接受水平。当无法采取措施消除威胁或将其降至可接受水平时，会计人员不能接受该礼物与款待。有些情况下，即使不接受该礼物与款待，礼物与款待的提出本身便造成了威胁，也应根据情况采取相应措施。

（5）公司会计人员应评估礼物与款待的提供产生的风险并判断是否应采取以下一种或多种措施：

①在礼物与款待提出时立即通知组织内部上级管理人员或公司治理层。

②通知第三方，如专业机构、提供该礼物与款待的个人所在机构，公司会计人员在采取这一行动之前应征询法律意见。

③当直系亲属或近亲属处于可能接受礼物与款待的处境时（如因职业地位而导致该处境），应提醒他们注意此类风险并采取防控措施。

④当直系亲属或近亲属受雇于会计人员所在组织的竞争对手或潜在供应商时，应立即向组织内上级管理人员或公司治理层报告。

（6）公司会计人员可能在某些情况下，受到压力或暗示，为影响个人或组织的判断或决策、取得机密信息等目的而提供礼物与款待。提供礼物与款待可能不利于客观、保密原则的遵守，注册会计师应当参考道德冲突的解决中提供的原则和指导，采取措施消除影响或将其降至可接受的水平。

（7）这种行贿的压力可能来自组织内部也可能来自组织外部。

（8）公司会计人员不应当提供礼物与款待来不恰当地影响第三方的判断。

（9）当行贿压力来自组织内部时，公司会计人员应遵守基本原则并根据本准则的"概念、框架、方法"来解决冲突。

7.4.8　会计责任

1）内涵界定及对应原则

企业会计人员需要对自己的工作负责，也需要对单位负责人及相关的监督机构负责。就对单位负责人负责而言，在发现存在不符合会计规定的事项时，会计人员应当立即向单位负责人或会计机构负责人报告，以便能对违反规定的会计工作进行及时、妥善的整改、修补；就对监督机构负责而言，是指会计人员应当依法接受有关机构、部门的监督，积极配合，在外在压力迫使自身作出违反规定的行为时，及时报告并采取应对措施。

对单位负责人及相关机构的责任主要应受到勤勉尽责、遵纪守法等基本原则的指导。会计人员要对自己的工作负责，遵守国家统一会计制度的规定从事会计活动，发现不符合规定的事项或行为时必须立即报告，同时积极接受监督、配合检查。具体规则可以划分为以下要点：①虚假会计资料要及时向负责人报告；②接受单位监督。以上决策要点与基本原则的对应关系见表7-38：

表7-38　　　　　　　　　　　会计责任对应原则及决策要点

对应原则	决策要点
勤勉尽责、遵纪守法	虚假会计资料应及时报告
勤勉尽责	接受监督，积极配合监督机构

2）已有规则分析解读

《会计法》及《会计基础工作规范》对企业会计人员的报告责任均有提及。《会计法》主要说明会计人员应当按照国家统一会计制度的规定从事会计工作，当发现违反会计相关规定的行为或事项时，应当立即向单位负责人报告，也要求会计人员积极配合监督机构工作，在遭遇不当压力违反会计规定时，也需要及时向单位负责人、监督机构说明情况，采取措施避免对会计工作的公正公平性产生不利影响。《会计法》是总括性的规定，《会计基础工作规范》对会计人员的具体行为作出规范。

由以上分析可看出，会计相关法律对企业会计人员应负责的对象、承担的责任内容进行了详细规定，我们在参考国际会计准则规定的前提下，认为我国法律中关于对单位负责人及相关机构的责任的具体规则大致分为以下几个模块：（1）对单位负责人负责；（2）对监督机构负责。具体规则划分的模块与相关原则、具体内容的对应关系见表7-39：

表7-39　　　　　　　　　　　会计责任已有规则解读

原则	模块	已有规则
勤勉尽责、遵纪守法	对单位负责人负责	①会计机构、会计人员发现账实不相符的，有权自行处理的，应当及时处理；无权处理的，应当立即向单位负责人报告，请求查明原因，作出处理。②会计机构、会计人员对不真实、不合法的原始凭证有权不予接受，并向单位负责人报告

原则	模块	已有规则
勤勉尽责、遵纪守法	对监督机构负责	①任何单位和个人对违反会计法和国家统一的会计制度规定的行为，有权检举。②各单位必须依照有关法律、行政法规的规定，接受有关监督检查部门依法实施的监督检查，如实提供会计凭证、会计账簿、财务会计报告和其他会计资料以及有关情况，不得拒绝、隐匿、谎报。③授意、指使、强令会计机构、会计人员及其他人员伪造、变造会计凭证、会计账簿，编制虚假财务会计报告或者隐匿、故意销毁依法应当保存的会计凭证、会计账簿、财务会计报告，构成犯罪的，依法追究刑事责任

3）中国规则

综合考虑以上因素，从会计人员应当遵循勤勉尽责、遵纪守法的角度出发，我们认为对单位负责人及相关机构负责应当包括以下几个要点：（1）及时履行报告义务；（2）自觉接受、配合监督。由以上要点，我们编写具体规则如下：

规则：

（1）会计人员应当对自己的工作负责。

（2）各单位必须依法接受有关监督检查部门的合法监督检查，如实提供会计资料及说明相关情况，不得拒绝、隐匿、谎报。

（3）会计机构、会计人员对不真实、不合法的原始凭证有权不予接受，并向单位负责人报告，并要求退回凭证，依照规定修正、补充。

（4）会计人员必须检查账实是否相符，并进行相应处理，无权处理的，向单位负责人报告并要求处理。

（5）会计人员在出具的财务报告及附注上注明报表编制情况，明确说明对其负责。

禁止行为：

（1）不得授意、指使、强令会计机构、会计人员及其他人员伪造、变造会计凭证、会计账簿，编制虚假财务会计报告或者隐匿、故意销毁依法应当保存的会计凭证、会计账簿、财务会计报告。

（2）会计人员不得要求会计师事务所出具不符合实际情况的审计意见。

主要参考文献

[1] 冯卫东,郑海英. 论会计职业道德建设的实施机制与制度创新[J]. 会计研究,2003(9).

[2] 韩传模,郝景昭. 会计职业道德的失范与重塑[J]. 会计研究,2002(5).

[3] 韩传模,田琨儒,刘建平,等. 会计职业道德的自律机制[J]. 会计研究,2001(1).

[4] 雷又生,耿广猛,王秋红,等. 会计信息失真的道德分析[J]. 会计研究,2004(4).

[5] 汤谷良,里奇. 借鉴美国经验 建立中国会计职业道德体系[J]. 会计研究, 1996 (3): 37-41.

[6] 王华,庄学敏. 上市公司会计信息失真的问卷调查分析[J]. 当代财经,2005(1).

[7] 王善平. 独立审计的诚信问题[J]. 会计研究,2002(7).

[8] 吴中春. 会计伦理社会学视角研究[J]. 审计与经济研究,2008(4).

[9] 杨雄胜. 会计诚信问题的理性思考[J]. 会计研究,2002(3).

[10] 叶陈刚. 注册会计师审计诚信的现实反思——323位中国注册会计师问卷调查分析[J]. 审计研究,2003(2).

[11] 岳上植. 会计诚信评价体系构建的思考[J]. 会计研究,2005(4).

[12] 岳上植,汤洪亮. 论会计诚信治理体系建设[J]. 会计研究,2006(6).

[13] 张蕊,饶斌. 注册会计师合约诚信问题研究[J]. 审计研究,2004(3).

[14] BOLOGNA, LINCLQGIST WELLS. The Accountant's Handbook of Fraud and Commercial Crime[M]. New York:John Wiley & Sons Inc., Wiley, 1993.

[15] Gray, Owen, Adams. Accounting & Accountability: Changes and Challenges in Corporate Social and Environmental Reporting[M]. London: Prentice Hall, 1996.

[16] Kim,Wiltermuth,Newman A Theory of Ethical Accounting and Its Implications for Hypocrisy in Organizations[J]. Academy of Management Review. 2021,46(1).

[17] Smith. A Fresh Look at Accounting Ethics (or Dr. Smith Goes to Washington)[J]. Accounting Horizons, 2006, 17(1).

[18] Spalding,Oddo. It's Time for Principles-Based Accounting Ethics[J]. Journal of Business Ethics, 2011, 99.

索 引